学術選書 087

今からはじめる哲学入門

戸田剛文 編

KYOTO UNIVERSITY PRESS

京都大学学術出版会

はじめに

哲学という言葉を聞くと、どのようなことをイメージされるだろうか。私が親戚や知人に会ったときに、「哲学を大学で勉強している」というと、多くの人は「へえ、難しそうなことやってるんやね」と言う。たんに難しいというのではなく、「難しそうな」というところがポイントの一つで、「難しい」に「そうな」がつくことで、その言葉を発言している人自身の哲学に対する距離感が現れているように思う。それは、難解というだけではなく、なんだかよくわからないもの、自分とは無関係なものというような、変なものを見るニュアンスが込められているように思われる。もちろん、言葉だけではなく、表情や様子からもそのような雰囲気がたっぷりと醸し出されている。

私自身、学生時代、ここでは書かない方がいいような理由から哲学を選ぶことになったが、それまでは哲学に対して、どちらかというとネガティブなイメージを持っていた。わけがわからない、役に立たない。こういったネガティブなイメージで哲学や哲学をやっている人を見ていた。哲学の分野を大学で選ぶ前は、哲学に接することがなかったので、そういったイメージすら抱いていなかったが、哲学の分野を選んでからそういった印象がむしろ生み出されたように思われる。

一つには、言葉の意味がわからない。哲学をしている周りの学生は、哲学書を読んだりして、哲学者のテクニカルワードをしばしば会話に挟み、誰々がこういっていたということをよく引用し、しかもそういったものを使った哲学ギャグ（？）的なものを言って笑う。しかし、哲学の勉強なんてしたことがなく、たいして興味もなかった私には、そういったわからない用語が本当に苦手で、何を言っているかわからなかったし、まったく面白くもなかった。哲学書をこっそり読めば、しばらくしたら彼らの言っていることがわかるようになるかと思ったが、こちらはさらに手強く、むしろ哲学に対する苦手意識が高まるだけだった。その頃の私にとって、哲学は、日々の生活からあまりにも遠い距離あるもののように思われた。

それにもかかわらず、何か別の分野を選び直すほどの積極性もなかった私は、そのまま哲学を勉強し続け、いつのまにか、哲学で生計を立てるようになった。わからない哲学書を繰り返し読み、なるべく自分の問題として考え、少しずつわかるようになる。過去の哲学者が何を言っていたのかということだけではなく、むしろ自分なりに哲学のイメージというものが出来上がってきた。私にとって哲学とは、世界観の探求である。私たちは、生きていく中で、多くのものの考え方を身につけていく、子供の頃から暮らしてきた家庭や社会の考え方、学校で習う科学的な考え方、宗教的な考え方や道徳的な考え方。私たちはそう言った色々な考え方を、教えられ、意識的にあるいはときには無意識的に吸収し、受け入れていく。しかし、そういった私たちが受け入れてきたさまざまな考え方はそのときどきにはそれぞれ正しいものだと受け取っていても、よくよく考えてみれば、お互いに対立するように思えるようなことがあるかもしれない。私がそういう場合によく学生に出す事例は、色の事例である。私たちは、色が物体に反射した光が私たちの目や脳に刺激を与えて、その結果を知覚するということを例えば高校の生物の授業で習う。この考え方によれば、光を反射する物体はあくまでも原子や分子などでできたものであり、私たちが見ている色をそれらの原子がそのままもっているわけではない。しかし、私たちは目の前の物体に色がついているように思っている。その目の前にあるように思える色は、本当にはどこにあるのだろうか。

つまり、一方では、私たちの目の前の物体に色がついているという常識的な考えと、物体それ自体には色はないという科学的な考えには、対立さえあるように見える。しかし、私たちはそのどちらもが正しいように受け入れているのである。

こういった疑問は、高校生ぐらいのときに思いつくことも可能だったはずのだ。しかし、私はそういった自分たちがもっているさまざまな考えの関係や対立に気づくことはなかった。しかし、哲学をしているうちに、そういったことに以前よりは気づき、また何か気になるできごとがあると、それについて少しは以前より考えることができるようになった気がする。

今、哲学について考えてみると、哲学はそれ自体は特別な行為ではないと思う。身のまわりにある興味を引く考え方、時には出来事についてそれはどういうことなのか、そこから何が見えるかということを考えることだ。先ほど述べたように、ときにはそこで現れる考え方が、私たちがすでにもっている別の考え方と対立するように見えることがあるかもしれない。そういうときには、まずそれが対立しているように見えるのはなぜかを整理し、本当に対立しているのかを考え、対立しているならばどのようにすれば整合的にすることができるかを考えればよい。こういった考えどうしの対立の問題ではなくても、ある出来事がおきる背景、そこから見える私たちの世界観、道徳観、そういったものを考える。それは、私たちが生きているこの世界について、よりよく知ろうということである。これはたんなる知的好奇心をみたそうということだけではなく、この世界について理解を深めることによって、この世界と、そしてそこに生きる私の仲間とどのように向き合うのかということを考える手がかりとなることかもしれない。

その入り口となる問題は、特に何か大きなものでなくても良い。普段生きている中で出会うあらゆるものがテーマとなりうる。もちろん多くの事柄は、日常の中に埋没し、それが持つ疑問の種子となるものに気づかないかもしれない。しかしふと何か気になることがあれば、ぜひじっくりと考えていただきたい。もちろんずっとそればかり考えているような時間は、私たちにはないかもしれない。しかし、一度中断した疑問も時間のあるときだけでもいいのでまた考えてみてほしい。そしてそういったことを積み重ねていくと、身の回りのことについて多くの疑問が浮かび上がりやすくなるだろう。そして一つ一つの疑問が、「このことを考えるためには、その前にこれについて考えないと……」という仕方で、さらに新しい疑問を生み出してくれるはずである。

こうなると人はもはや哲学に足を踏み入れている。そしてこう書くと、実はほとんどの人が哲学に少しは足を踏み入れていると言えるかもしれない。もちろん、そこからどれほど自分の考えをしっかりと形作れるかということについては、経験や訓練によって異なるだろう。自分の考えをしっかりと作るということになると、たんにこうだと思った、ということだけでは十分ではない。説得力、つまり論理の力が必要になる。しかし、哲学を始める、というその最初の一歩は、まったく難しいことではないということだ。むしろほとんどの人は、すでにその一歩も二歩も、進めた後なのではないだろうか。

本書では、八つのテーマを取り上げている。それぞれの章について、読者によって受け取り方も異なるだろうが、多少の難易度の差もあるだろう。そして前半と後半の二部に分けているが、これは難易度の差ではない。前半では具体的なテーマを取り扱い、第二部では、より抽象的な問題を取り扱っている。しかし、具体的だから必ずしも身近であるとか、抽象的であるから縁遠いというものではない。テーマを見ていただければわかるように、本書で扱っているのは、どれも実は身近な問題ばかりである。宗教の問題にしても、たとえあなたが宗教に関心がないとしても、ニュースなどでよく見かける問題だろうし、こういったことについては人と話をしたりする機会も多いかもしれない。逆に、後半の存在や言葉の問題については、身近すぎて、人とこういったテーマについて話したことがないかもしれない。いずれにせよ、特に順番にこだわって読んでいただく必要はない。自分が関心を持ったことがあるようなテーマがあれば、そこから読んでいただくのが一番いいと思う。

そして哲学書を読むときに、ここで書かれていることについて理解していただくということはもちろん大切だが、それを最終的な目的として読んでいただきたくはない。本書で書かれていることは、一つの考えや筋道であり、これを手がかりに、さらに読者なりに考えを深める道具の一つだと思っていただければと思う。だからここで書かれていることが読者の考えと違っているならば、その問題点をじっくりと考えていただければと思うし、またたとえ共感していただいたとしても、さらにそこから考えを深めていただいたり、あるいはやはり違う立場になって問題点を考えていただければと思う。こう書くと、共感よりも批判の作業の方が幅を利かせているように見えるかもしれないが、私は実際のところ批判の方が大切だと思っている。もちろん、批判されるのは辛いところもあるが、お互いに自由に批判しあえる社会こそが、哲学の目指す目標の一つだろう。そしてそういった一つ一つの批判的な思考が、またあなたの身の回りから問題点を浮かび上がらせてくれるはずである。

今からはじめる哲学入門◉目　次

第一部　身近なテーマから

第一部は、次のようなテーマが取り上げられている。芸術、動物と人間の関係、宗教、そして幸福である。実際のところ、本書で取り上げているテーマは、実際にはすべて身近なものであるつもりだが、その中でも、比較的具体的でイメージがしやすいと思えるものをこの第一部においている。例えば、第一章の芸術についても、作品そのものから入るのではなく、ニュースや情報誌などでもよく見かけるアートフェスティバルという芸術活動から筆者は切り込んでいくが、こういったイベントは、何も小難しい「芸術」のようなものに興味がなくても、耳にしたり、目にしたりすることがあるものだろう。また、第三章の宗教にしても、私たち日本人は、しばしば宗教的感覚が希薄であると言われることもあるが、この章で取り上げられる原理主義のような立場は、国際情勢を伝えるニュースなどで頻繁に取り上げられたりしたものである。こういった具体的で個別の現象の背後にはどのようなものがあり、そのルーツは何かなどを探ってみれば、こういった現象を新しい仕方で見直すことができるのではないだろうか。最後の章のテーマである幸福は、私たちにとって最も身近でしかも誰もが関心をもつテーマであろう。その幸福という概念がどのようなものかということを分析することで議論が進められる。私たちのどのような状態が幸福かということは私たちも大いに話題にすることだが、その幸福という概念それ自体がどのようなものかという切り込み方は、もしかすると多くの人は経験していないかもしれない。難しいと思われる議論もあるかもしれないが、ぜひじっくりと考えながら読み進めていただきたい。

第1章 いま芸術に何が期待されているのか

阿部　将伸

はじめに

　このところ芸術祭やアート・プロジェクトが日本各地で増殖していて、一体どういう風の吹き回しなのかと思ったことはないだろうか。世界的に有名になった国際芸術祭もあれば、市区町村、自治会、学校ごとのアート・フェスティバルやアート・プロジェクトもあり（もちろんさまざまな企業や団体もそこに絡んでくる）、まさに雨後の筍といった感がある。人びとは美術や芸術に対して何をそんなに期待しているのだろうか。

　芸術祭やアート・プロジェクトを立ち上げるときには、「地域活性化」や「社会的課題の解決」といったテーマがしばしば掲げられる。だが、たとえばゴッホの絵を見て、「この絵は人口減少に悩んでいる地域の活性化に役立つなあ」と思う人はどれだけいるだろうか。もちろん、ゴッホの絵画を展示すれば全国から観客が集まり、展覧会開催中その地域が経済的に潤うということはあるかもしれない。しかし、そのような一過性の「課題解決」や経済面だけでの「活性化」を目指して、芸術祭やアート・プロジェクトが立ち上げられているわけではない（であろう）。むしろ、コミュニティ内外における人と人のつながり、人とモノのつながりが深いところから変容することを指して、「地域活性化」や「社会的課題の解決」と言っているはずである（そう願いたい）。そして、そうした深い変容を引き起こすための手段として好んで選ばれるのが芸術なのである。

このように芸術に恃む現象が各地で次々と起きているのはなぜだろうか。作品を味わい、美に触れる経験のなかに何かが潜んでいると期待されてのことなのであろうが、それは果たして何なのか。哲学や美学の歴史も振り返りつつ、作品経験・美的経験の特性を明らかにし、「芸術祭増殖現象」を考察するのに役立ちそうな視点を取り出すことが本章の主題である。

1　視線の向けかえ——古代

街行く女性やイケメンとすれちがって、その美しさやカッコ良さにハッとしたり、不気味なほど赤く染まった夕焼けにハァーと嘆息したり、絵画を見て筆触の生々しさにグッとくるものを感じたり、こうした経験は誰しも一つや二つ持っているのではないだろうか。

古代ギリシアの哲学者プラトン（前四二七頃—三四七年）も御多分に漏れないようで、美しい少年を眼差す経験について、『パイドロス』のなかでソクラテスにこう語らせている。

そこで、この魂が、少年にそなわる美をまのあたりに見つめながら、そこから流れてやってくる粒子を——このように粒子の流れであるがゆえに、それは「ヒーメロス（himeros）」と呼ばれるのであるが——この「ヒーメロス」を受け入れて、うるおいをあたえられ、あつくなるときは、魂はそのもだえから救われて、よろこびにみたされることになる。(1)

プラトンさん（あるいはソクラテスさん）何をおっしゃっているのでしょうかという感じだが、美しいものに遭遇したときの何とも言えない気分を懸命に表現しようしているのだろう。

「ヒーメロス」とは、一般的には「恋い焦がれること」、「愛」を意味し、「愛せずにはいられない魅力」のことをも意味する。いまの文脈ではさしあたり「(少年にそなわる美の) 魅力」と訳すのが読みやすいかもしれない。それがなぜ「ヒーメロス」と呼ばれるのかについてもここで説明されているが、この箇所はプラトンならではの語源探索となっている。岩波文庫版『パイドロス』の訳者藤沢令夫によれば、ここでのプラトンはヒーメロス (himeros) なる語を、放射 (hienai)、粒子 (merê)、流れ (roê) の三語から合成されたものと捉え、その語義を分析しているとのことである。(2) プラトンによるこうした分析が的を射たものなのかを判断する能力は残念ながら筆者にはない。とはいえ、あやしげとも言われかねないような語源論にまで乗り出すプラトンの高揚感と熱意——美の正体を突きとめようとする熱意——だけは、この文章からはっきり感じ取ることができる。プラトンは少年から放出される美の魅力に当てられ、取り乱してしまったのだろうか。実際、プラトンは美の経験を狂気の経験としても語っている。

ここで注意すべきは、放出されるヒーメロスの出どころについてである。少年を目の当たりにしたときに魂は沸き立ち潤うのだから、それは少年から発出されているのだとも考えられよう。しかし、訳文をよく読めば「少年にそなわる美」とあるように、ヒーメロスを放出しているのは厳密に言えば少年ではなく美のほうである。(3)

実はここにはプラトン独自のイデア論の構図が隠されている。すなわち、個々の美しいものと美そのもの (つまり美のイデア、美の原型) とを厳然と区別し、個々のものが美しいのはそれらが美のイデアを分かち持っているからだとする考え方である。この考え方に立脚することによって、一つ一つの美しい事象は異なるけれど、それらすべてが共通して美と呼ばれるという事態をうまく説明することができるようになる。個々の美しい事象は美のイデア（美の原型）をコピーするからこそ美しくあり、他方でそのコピーの仕方が多様であるために個々の美しいものは相互に異なるのである。少年が美しいのも美のイデアのゆえというわけである。

プラトンによれば、イデアは普遍的かつ永遠不変の真なる実在であって、感覚可能なこの世界を超越したところ（「叡知界」などと呼ばれる）を本来の在り処とする。逆に、私たちの肉体はたえざる生成消滅のなかを生きている。そのため肉眼でもってイデアを捉えることはできない。イデアを認識できるのは、かつて神々とともにイデアの世界に住まっていた魂（いまは人間の肉体に宿っている）によってのみである。美のイデアについても同様である。個々の美しいものを肉眼で眺めつつ、かつて魂が見ていた美のイデアを想起すること。プラトンは美の経験をこのように捉えていた。美しいものを目の当たりにするとヒーメロスに捉えられ、魂が興奮状態に陥るのだが、そのとき視線を向けかえて美のイデアのほうを眼差す。これによって真に美が経験されるのである。美的経験の本質は視線の向けかえにあると言えるだろう。

ただし、これだけでは美的経験の特性が取り出せたとは言い難い。というのも、善の経験も正義の経験もすべて視線の向けかえと言い表すことができるからである。個々の善き事柄を目の当たりにしつつ善のイデアを想起することが真なる善の経験であるし、個々の正義の現れを目の当たりにしつつ正義のイデアを想起することが真なる正義の経験である。イデア論に基づくならば、美的経験に限らず、真なる経験はすべて視線の向けかえにほかならない。

では美的経験の特性はどこにあるのか。プラトンはこう語っている。

さきに言ったように、美は、もろもろの真実在とともにかの世界にあるとき、燦然とかがやいていたし、また、われわれがこの世界にやって来てからも、われわれは、美を、われわれの持っている最も鮮明な知覚を通じて、最も鮮明にかがやいている姿そのままに、とらえることになった。というのは、われわれにとって視覚こそは、肉体を介してうけとる知覚の中で、いちばんするどいものであるから。(4)

美の特徴は光り輝きにある。真実在の世界にある美のイデアも、私たちが生きるこの世界における個々の美しいものもこのうえなく鮮明に輝いている。これは、「歌舞伎町は夜も電飾でキラキラ光り輝いているね」という意味での輝き(つまり明度)のことではなく、整った顔立ちやくっきりした目鼻立ち、抜群のプロポーションなどが人の視線を即座にパッと捉えて離さないという意味での輝きのことを指している。よくよく測ってみればそこに黄金比が隠れていたりするのかもしれないが、そのような理知的な働きよりもはるかに素早く、そしてはるかに鋭く、美は視覚を刺激して美的経験(視線の向けかえ）を引き起こすのである。

善のイデアや正義のイデアを想起するには言論を通じた理知的な働きが不可欠となる。それに対して美のイデアの場合は、美しいものが放つ光り輝きの鋭さゆえに、視覚を通じて即座に美のイデア（オリジナルバージョンの光り輝き）が想起される。これが美的経験の特質である。その他の経験と比べると、美的経験は優れた意味において視線の向けかえの構造を有していることが分かるだろう。

本節では、プラトンの所説に依拠しながら、美的経験の特性が視線の向けかえに存することを明らかにしてきた。この章のそもそもの問いは、なぜいま地域活性化や社会的課題の解決のために芸術祭やアート・プロジェクトが立ち上げられているのかというものであった。現時点では次のように言うことができる。地域が抱える諸々の問題を美しい作品やデザインの形に落とし込むと、視線の向けかえがそこで作用し始め、より多くの人がより容易に問題の本質に目を向けられるようになる。だから芸術祭やアート・プロジェクトに注目が集まっているのだろう。

2　視線の落ち着き先の変容1——古代末から中世へ

美的経験を視線の向けかえとして捉えるプラトンの理論は、さまざまな変容を蒙りながらも、後代の西洋の美学・芸術哲学を規定し続けることになる。[5] この節ではその経過を概略的にたどってみたい。あらかじめ述べておくと、視線の向けかえという骨格は一貫しているのだが、向けかえられた視線がどこに行き当たるのかというその落着先に変化が生じることが明確になるはずである。

まず、古代哲学から中世哲学への橋渡しをしたアウグスティヌス（三五四―四三〇年）から見ていく。

芸術家の魂を経て技能の手に移されたこれらの美は、かの人間の魂の上にあってわたしの魂が夜も昼もあこがれるあの美そのものに由来するからである。[6]

技能の手によって形づくられた個々の美と「美そのもの」とが対比され、後者が前者の起源とされている。言うまでもなく、この議論の下敷きはプラトンのイデア論である。ただしアウグスティヌスは、美のイデアを含めた諸々のイデアは創造主たる神の「神的な知性」のうちに含み込まれていると言う。[7] イデア論はキリスト教の創造説のうちへと統合され、そうした理論を土台にして美的経験も解釈されることとなる。

その際にアウグスティヌスは、絵画や工芸品、衣類や靴などの「目が愛するもの」、「目を楽しませるため」のものばかりを楽しむ人びとの有り様を批判している。曰く、「そして人間は外面ではかれらが造るものを追い求めて、内面ではかれらを造られるもの〔つまり神〕を見捨て」ている。[8] この言葉を読めば、視線の向けかえがアウグスティヌスにおいても重要なテーマであったことを明瞭に把握できるだろう。外から内へ。外部の感覚的な美しいものへ向けられた眼差しを、自分の精神の内奥へと向けかえて、そこに創造主としての神——その知性のうちに美のイデアは宿る——を見出すこと。神の知性のうちへと視線を向けかえることが美的経験の本質を成すのである。

こうした美的経験の理解は中世を通じて支配的なものとなった。たとえば、スコラ哲学を代表するトマス・アクィナス（一二二五頃—一二七四年）もイデア論と神による世界創造とを関連づけてこう述べている。

世界 mundus は、だから、偶然につくられたものではなくして、知性的に働く神によってつくられたものであること、後述のごとくなる以上、神の精神のうちに形相〔つまりイデア〕があり、世界はこれにかたどってつくられたものなるべきは必然である。そして、まさしくここに、イデアなるものの特質が存している。(9)

このような考えに基づけば、この世界で出会う美しいものもまたすべて神の知性・精神に由来することになる。美しいものに注がれていた眼差しが神の知性・精神へと向けかえられ、その向けかえによって神の業の偉大さが思い起こされるとき、美そのものがその本性から経験されたことになるのである。

ここまで、中世哲学における美の言説を概観してきた。美的経験を視線の向けかえと捉える点はプラトンから引き継いでいるが、その視線の逢着先については微妙に変化している。プラトンの場合は美のイデアが最終到着点であった。中世哲学においては、美のイデアそのものよりも美のイデアを内在させる神の知性・精神のほうに力点が置かれている。神の知性・精神が視線の最終到着点になったのである。

以上のごとき中世哲学における美の理解は、現今の芸術祭やアート・プロジェクトの増加とはあまり関係がないかもしれない。信仰心を目覚めさせるために芸術祭が行われているという話はほとんど聞いたことがない（あったとしても少数であろう）。とはいえ、芸術祭やアート・プロジェクトがこれほどまでに増殖しているということは、その背後で、アートに関わる企画であれば意外とあっさり通ってしまうということがあるのかもしれない。芸術や美に「神通力」めいたものが宿るということは中世も現代も変わらないということであろうか。

ところで、先ほど引用したトマス・アクィナスの言葉は神による世界創造について述べていたが、その前後の文脈を読むと、神による世界創造と建築家による家の建築が類比的に語られていることが分かる。またトマス・アクィナスは、「神はその智慧を通じて万物を創造したのであり、それら事物にたいして、作者 artifex がその作品にたいするような関係に立っている」とも言っている。[10] こうしたアナロジーは後のルネサンスにおける「第二の神」としての詩人、「神のごとき芸術家」という思想につながることにもなった。

3 視線の落ち着き先の変容2——近代

さらに時代が下ると、芸術家の独創性・天才性を強く打ち出す近代的な美学理論が前面に出てくる。(11)近代美学の確立に大きく貢献したのはA・G・バウムガルテン(一七一四—一七六二年)ら「ヴォルフ学派」と呼ばれる哲学者であるが、彼らは芸術家のことを、神の知性のうちを垣間見て作品を創造する者として捉える。その理論的基盤はG・W・ライプニッツ(一六四六—一七一六年)が唱えた「可能的世界論」である。ライプニッツによれば、いま現実となっているこの世界を創造するに先立ち、神は自らの知性のうちであらゆる系列の組み合わせから成る無数の可能的世界を認識している。それら無数の可能的世界のうち、最善なる一つの世界が神の意志によって現実のものとして、つまりいま私たちが生きているこの世界として創造されたのである。

この可能的世界論を土台にして、ヴォルフ学派の哲学者は以下のような芸術論を展開する。すなわち、芸術家はただやみくもに作品を作っているのではなく、神の知性に留め置かれたままの可能的世界——つまり、神はそれを認識していたが現実として創造するに至らなかった世界——を模倣し、それをこの現実世界において一つのフィクションとして産み出すのであると。芸術家の独創性とは、神の知性のうちを覗き込むことができる能力、そしてまた、そこで見出した可能的世界の一断片を模倣的に創作できる能力のことである。翻って鑑賞者の側から言うと、ハッとさせられるほどの美しさを作品から感得するとき、鑑賞者は作品に注いでいた視線を美しさの根源のほうへと向けかえる。そして、その視線は独創的な芸術家の眼差しと一体となり、美の究極的な根源である神の知性（が眺め取っていた無数の可能的世界）へと到り着く。ここにおいて本来的な美の経験が達されるのである。

可能的世界論に基づく美学理論を略述してみたが、ここにおいても視線の向けかえという美的経験の構造は継承されていることが分かる。また、向けかえられた視線が神の知性に行き着くことについても中世哲学と異なるところがない。だが、眼差しが神の知性に逢着するまでの間に独創的な芸術家が割って入る点は中世には見られたかった考え方だと言えよう。鑑賞者は作品へ向けていた眼差しを転じて神の知性のうちを見届けようとするのだが、そこに芸術家の眼差しが介在する。したがって、向けかえられた視線でもって鑑賞者が神の知性のうちを覗き込もうとする身振りは、作品を産み出した芸術家の眼差しに自らを同一化しようとすることにほかならない。今日でも私たちはアーティストに向かって、「この作品のテーマは何か」とか「今回の楽曲では何を訴えたいのか」などの質問をしばしば投げかける。芸術家の眼差しと同一化することができれば、美の本質を捉えられる、作品の真価を見極められると私たちはどこかで期待しているのであろう。

このように近代になると、美の本質を見て取ることができる特別な存在として、芸術家が脚光を浴びるようになる。とはいえ、ヴォルフ学派の理論においても美の最終的な根拠は依然として神の知性のうちに据えられたままであり、この点では中世哲学における美の把握を引き継いでいると言えよう。

こうした神への依拠を振り払い、芸術家の特権性を強調する流れを一層押し進めたのがロマン主義的な芸術理論である。たとえば、ロマン主義を代表するA・W・シュレーゲル（一七六七—一八四五年）はこう述べる。


さて、芸術家にとっての崇高なる師である創造的自然、それは外的現象のうちには決して含まれていないのであるから、芸術家は創造的自然からいわば忠告を得るために、一体それをどこに見出すべきであろうか。芸術家はそれを芸術家自身の内面のうちに、芸術家の存在の中心点のうちに精神的直観を通して見出すことができるのみであり、それ以外のどこにも見出すことはできない。[12]

芸術家の独創性・天才性は芸術家による精神的な自己直観に宿る。これに応じて、芸術作品の独創性を支える根拠も——従来は神の知性に求められていたのが——天才的芸術家の内面・精神に求められるようになる。もちろん、芸術家の内面・精神が神の知性につながっていることもありうるが、そのこと自体はさしたる重要性を持たなくなる。芸術家が自らの内面を自らの精神的直観によって把握することが何よりも肝要である。

芸術家がその内面においていかなるビジョンを見て取っているのか——作品創作に際しても、作品鑑賞に際しても、この一事のみが決定的となる。美しい作品、素晴らしい作品に遭遇して視線を向けかえる鑑賞者も、その眼差しをいまや芸術家の内面・精神のうちへと届かせようとする。芸術家の内面において直観されているビジョンを見て取るとき、私たちは作品の美しさ・素晴らしさを真に味わったこととなるのである。

さてここまで、プラトン以来の哲学史・美学史を駆け足で追いながら、美的経験が視線の向けかえの構造を持つこと、ただし向けかえた後の視線の宛先が変容してきたことを明らかにしてきた。一九世紀前半のロマン主義的な芸術理論までしかたどれていないが、それでも現今の「芸術祭増加現象」を考察するための視点をいくつか取り出せるはずである。①美的経験は優れた意味において視線の向けかえの構造を有しているがゆえに、地域が抱える問題を美しい作品やデザインの形に落とし込むと、より多くの人がより容易に問題の本質に目を向けられるようになること。②美を産み出す芸術の営みは神の創造行為に類比されるがゆえに、解決困難な問題に直面したときのいわば「神頼み」としての役割を担いうること。③アーティストは独創的な精神的自己直観能力を持つがゆえに、地域の将来のビジョンを示すことを期待されて引っ張りだこになりがちであること。哲学史・美学史を振り返ることで、芸術祭やアート・プロジェクトに期待する人びとのメンタリティをこのように指摘することができるのではないだろうか。

4 コミュニティ感覚

古代から近代までの美学理論を概略的に紹介したが、近代より前とそれ以降では美的経験の質が大きく変化している。古代のプラトンであれば美のイデア、中世であれば神の知性によって認識された美そのもの――かつてはそうしたものによって、美が何であるのかということが人間の経験とは無関係に、しかも経験に先立って決定されていた。美の究極的な本質は普遍的でア・プリオリなものと見なされていたのである。それに対して、美の根拠が芸術家の内面へと移ってきた近代にあっては、芸術家も所詮は一人の人間にすぎないのであって、その精神的直観によって眺め取られたビジョンも、それがいかに優れたものであろうと、個別的・経験的なものである可能性を脱却しえない。要するに、美の本質を普遍的でア・プリオリなものと見なすことはできなくなったのである。

さてここからが問題となるのだが、美的経験が普遍的ではないことは認めるとして、その経験はすべて主観的な経験にすぎないと断ずることができるだろうか。たしかに、何を美しいと感じるのか、どのような作品を素晴らしいと感じるのかについては、「十人十色」、「蓼食う虫も好き好き」という側面があるかもしれない。しかし、みなさん自身の経験を思い返してもらいたい。ある作品を美しいと感じたとき、所詮これは私の主観的感情にすぎないと判断しているだろうか。むしろ、私以外の誰かもこの作品を美しいと感じるはずだと心のどこかで思っていないだろうか。あるいは、ある楽曲を素晴らしいと感じるとき、その素晴らしさを他の誰かにも伝えたい、他の誰かとも共有できるはずだと考えてはいないだろうか。いやそれどころか、人間である以上誰しもがこの曲を聴くべきだと強く思ったことはないだろうか。

もし本当に、美の経験が完全に主観的なものにすぎないのであれば、こうした思いを抱くことはないはずである。各々が自分好みの作品にどっぷり浸かっていればよいだけの話だ。しかし、どうもそれだけでは話が済まないように思われる。この作品は美しい、素晴らしいという美に関する判断は、個別的・主観的な感情の発露だけに還元することはできないのではないだろうか。

美的経験に基づく美的判断は普遍的・客観的なものではない。美についての普遍的な根拠・法則（美のイデアや神の知性）はもはや存在しないからである。さりとて、美的判断を個別的・主観的なものに回収し尽くすこともできない。作品を味わうなかで、私たちは「他の誰かもこの作品を美しい、素晴らしいと感じるはずだ」と知らず知らずのうちに想定しているからである。美的判断はたんに普遍的・客観的でもなければ、たんに個別的・主観的でもない。

一八世紀後半の哲学者イマヌエル・カント（一七二四―一八〇四年）は美的判断のこうした特性に着目し、それを「主観的普遍妥当性」と名指している。[13] 美的判断はたしかに一人ひとりの個別的な感性から切り離すことはできず、その意味では「主観的」である。しかし、美的判断を下すときには、

「おそらく他の人びともこの作品を美しいと感じるはずだ、素晴らしいと思うにちがいない」という仕方で、自らの思考を「拡張する（ausdehnen）」ことを行なっている。[14] その意味では美的判断は「普遍的」でもある。それゆえ、カントは美的判断を「主観的普遍妥当性」と性格づける。

そしてカントによると、この主観的普遍妥当性の根底で働いているのは、「自らの判断をいわば人間理性の総体と照らし合わせるために」、「他のあらゆる人の立場に自らを置き換える」能力である。[15] これによって、「普遍的な立場（自らを他の人びとの立場へと置き換えることによってのみこの普遍的な立場は定められうる）から自ら自身の判断を反省する」ことができ、「拡大された考え方」を持つことができるようになる。[16]

こうした思考の拡張を行う能力のことをカントは“ein *gemeinschaftlicher* Sinn”（アイン・ゲマインシャフトリッヒャー・ジン）と呼んでいる。[17] この“ein *gemeinschaftlicher* Sinn”というドイツ語はさまざまに訳しうるだろうが、そこに含まれている「共同体（Gemeinschaft）」という意味を前面に出して、この語を“community sense”（コミュニティ〔共同体〕感覚）と英訳し、独自の解釈を展開したのが二〇世紀の哲学者ハンナ・アーレント（一九〇六―一九七五年）である。

美に関する判断の主観的普遍妥当性は、他者の立場に身を置いてみるというコミュニティ感覚に基づいている。「コミュニティ感覚が人のメンタリティを拡張する」ことを通じて、美的判断は主観的普遍妥当性を持つことになる。[18] すでに確認したように、作品を鑑賞して美を味わう際には、客観的・

普遍的な根拠や法則を前提にすることはできない。そのようななかで、それでも何とかしてこの作品の美しさ、素晴らしさを共有できないか、いやできるはずだという思いが生じてくる。カントとアーレントに即するならば、その思いの根拠はコミュニティ感覚以外の何ものでもない。逆に言えば、作品を堪能する経験は経験者の奥底に眠るコミュニティ感覚を呼び覚まし、それを再活性化するのである。だからこそアーレントは、カントによる美的判断論がそのまま政治哲学の理論になっているとも解釈する。

以上、カントとアーレントに依拠して、美的経験およびそれに基づく美的判断が主観的普遍妥当性を有すること、そしてその根底にはコミュニティ感覚が横たわっていることを見てきた。昨今の芸術祭流行りもこの流れに棹差していると考えられる。世界、国、地域、家族、個人、それぞれのレベルで普遍的な共通理解が崩壊し、この先どうなるか分からないという時代にあって、それでもどうにかして互いに共有できるルールを見出し、コミュニティを立ち上げていかなければならない。そうなったときに白羽の矢が立つのが芸術・アートであるのは、カントとアーレントの議論をおさえた私たちからしたら自明の理であろう。したがってここでは次のような視点を取り出すことができる。④美を味わう経験は人びとのコミュニティ感覚を呼び覚まし、それを再び賦活することができるがゆえに、「地域活性化」や「社会的課題の解決」に役立つとみなされ、そうしたテーマを掲げる芸術祭やアート・プロジェクトが今日の日本では増殖しているのである。

おわりに

芸術祭やアート・プロジェクトがこれほどまでに増えているのはなぜか。その哲学的・哲学史的理由を探って、とりあえず①〜④までの視点を示してみた（それぞれの視点がどのような内容であったかは再度ご確認願いたい）。このなかではおそらく④が最大の理由ではないかと思われる。つまり、「コミュニティ感覚の覚醒と再活性化」という美的経験の効能を期待して、日本各地で芸術祭やらアート・プロジェクトやらが開催されているのではないだろうか。思想史的に見れば、カントとアーレントの延長に昨今の芸術祭流行りは位置づけられうる。しかし、その試みが芸術への「神頼み」になっていないか（視点②に関わる）、ただの「アーティスト詣で」に陥っていないか（視点③に関わる）についでは、個別の芸術祭、アート・プロジェクトを対象とした具体的な検証が必要になってくるだろう。

最後に一点だけ注記しておきたい。カントからアーレントへの流れに即して芸術を捉えることは一面的な見方に留まるおそれがあるという点である。たしかに、美的経験とそれに基づく美的判断にはコミュニティの形成につながる側面が存する。「私だけではなく他の人も、美しい、素晴らしいと思うはずだ」というのは誰しも身に覚えのある感覚であろう。だが他方で、「この作品の美しさ、素晴らしさは私にしか分からないのではないか」、「全人類が滅びてもこの作品さえ残ればよいのではないか」という気持ちも、みなさんどこかで感じたことがあるにちがいない。プラトンが美の経験を狂気の経験とみなしたり、詩人を国家から追放することを唱えたりしたのも、美的経験が引き起こすこのようなクリティカル（批判的かつ危機的）な性格に気づいていたからであろう。ヒーメロスに酔いしれて沸き立った魂はコミュニティを破壊するかもしれないのである。カントからアーレントへの系譜のなかでは、美的経験のこうした破壊的性格が見過ごされてしまう可能性がある。[19] 芸術祭やアート・プロジェクトを立ち上げる人びとがそのことにどれだけ意識的なのかは分からないが、カント的・アーレント的な美の側面ばかりに目を奪われていると、いつの日にか芸術からしっぺ返しを食らうなんていうこともあるのではないだろうか。

注

（1）Plat. *Phaedrus*, 251C.（藤沢令夫訳『パイドロス』、岩波文庫、一九六七年、八六頁、一部改訳）

（2）前掲『パイドロス』、八六頁、二〇五頁。

（3）なお原文は“τὸ τοῦ παιδὸς κάλλος”であり、直訳すると「少年の美」となる。「少年にそなわる美」という訳語はプラトン哲学の根幹を捉えた卓抜な翻訳と言えるだろう。

（4）Plat. *Phaedrus*, 250D.（藤沢令夫訳『パイドロス』、岩波文庫、一九六七年、八三―八四頁）

（5）西洋の芸術理論におけるイデア概念の受容とその変遷については以下を参照。E・パノフスキー『イデア――美と芸術の理論のために』、伊藤博明・富松保文訳、平凡社ライブラリー、二〇〇四年。

(6) Augustinus, *Confessiones*, X, 34, 53.（服部英次郎訳『告白下』、岩波文庫、一九七六年、六八頁）

(7) Augustinus, *De diversis quaestionibus octoginta tribus*, 46-2.

(8) Augustinus, *Confessiones*, X, 34, 53.（服部英次郎訳『告白下』、岩波文庫、一九七六年、六八頁）

(9) Thomas Aquinas, *Summa Theologiae*, I, qu. 15, art. 1.（高田三郎訳『神学大全第二冊』、創文社、一九六三年、七〇頁、〔 〕内は引用者）

(10) *ibid*.,II-I, qu. 93, art. 1.（稲垣良典訳『神学大全第一三冊』、創文社、一九七七年、四六頁）

(11) 本節で論じる近代美学の成立経緯については以下を参照。小田部胤久『芸術の逆説――近代美学の成立』、東京大学出版会、二〇〇一年。

(12) August Wilhelm Schlegel, *Kritische Ausgabe der Vorlesungen, Erster Band*, herausgegeben von Ernst Behler, Ferdinand Schöningh, 1989, S. 259.

(13) Immanuel Kant, *Kritik der Urteilskraft, Kant's gesammelte Schriften, Bd. 5*, herausgegeben von der Königlich Preußischen Akademie der Wissenschaften, 1913, S. 215.（牧野英二訳『カント全集 八 判断力批判 上』、岩波書店、一九九九年、七二頁）

(14) *ibid*., S. 215.（同上、七二頁）

(15) *ibid*., S. 293-294.（同上、一八〇頁）

(16) *ibid*., S. 295.（同上、一八二頁）

(17) *ibid*., S. 293.（同上、一八〇頁）

(18) Hannah Arendt, *Lectures on Kant's political philosophy*, edited and with an interpretative essay by Ronald Beiner, The

University of Chicago Press, p. 73.（浜田義文監訳『カント政治哲学の講義』、一九八七年、一一二頁）

(19) ここまで取り上げてきたのは、あくまでもアーレントが解釈した限りでのカントであって、アーレントの解釈枠組みでは捉えきれない過剰さがカントの判断力論には存している。この点については本章に付した「読書案内」も見ていただきたい。

おすすめ書籍

本文で挙げた文献をまずは手に取っていただきたいが、それ以外にも以下の本をおすすめする。

美学や芸術思想について

本文では一九世紀初めのロマン主義までしか論じることができなかった。美学の歴史をしっかりおさえたい方は次のものをぜひ。

・**小田部胤久『西洋美学史』、東京大学出版会、二〇〇九年**

西洋における美学史の流れを把握できる教科書的な一冊。古代ギリシアから現代までの美学者・哲学者を時代順に扱っているが、美や芸術を考える際の重要テーマ――現代の私たちにも通じるテーマ――を絡めながらそれぞれの思想を論じているため、たんなる通史のお勉強には終わらない読み応えがある。

・**谷川渥『新編 芸術をめぐる言葉』、美術出版社、二〇一二年**

芸術家や哲学者のごく短い文章や名言を取り上げながら、そこに潜む芸術思想をすくい上げた本。著者独自の視点も盛り込まれているので、読み物としても面白いはず。テーマごとに美学の歴史を通覧することもできる。一人につき二ページという割り当てもコンパクトで読みやすい。

視覚について

本文では一九世紀初めまでの美学史を「視線の向けかえ」として概括した。だが、芸術における視線の問題は、写真や映画が発明された一九世紀以降に複雑化し、ひときわ多彩な様相を呈し始める。何を見ているのかが一義的に決定できなくなり、見ている主体の地位さえもが不確かになるのである。「視線の向けかえ」という美的経験は新たなテクノロジーの媒介によってどのように変容したのか、そしていまどのように変容し続けているのか。そうした問いを考えるために以下の二冊を。

・ヴァルター・ベンヤミン『図説 写真小史』、久保哲司編訳、ちくま学芸文庫、一九九八年

二〇世紀ドイツを代表する思想家・批評家による一九三一年発表の写真論。私たちが見えていると思っているものの外部にも視覚的経験は広がっている。カメラという機械の目によってもたらされる「視覚的無意識」の問題を提起した論考。同じ著者による『複製技術時代の芸術作品』(一九三六年)も必読(邦訳複数あり)。

・ハル・フォスター編『視覚論』、榑沼範久訳、平凡社ライブラリー、二〇〇七年

視覚文化論を代表する研究者たちが参集したシンポジウム(一九八八年)における論考と討議の記録。人間の視覚がいかに歴史的・社会的・生物的・技術的に条件づけられているのかを明らかにし、その条件づけの錯綜した有り様をそれぞれの立場から解きほぐす。視覚文化を考察するうえでの基本書。ここに寄稿している研究者たちの著書をたどっていくと、さらに理解を深められるはず。

マネについて

以上のごとき視線の錯綜化を絵画において実践したのが、一九世紀後半の画家エドゥアール・マネであろう。彼の絵は見る者に「お前は一体何を見ているのか」と問いかけてくる。視線の先をどこに落ち着かせればよいのかが分からなくなり、見ている私の存在そのものが問いに付されるのである。この独特な経験を言葉にしようと試みた論者は数多いるが、次に挙げる二人の思想家も例外ではない。

・ジョルジュ・バタイユ『マネ』、江澤健一郎訳、月曜社、二〇一六年

二〇世紀フランスの作家・思想家による一九五五年のマネ論。バタイユはマネの絵画に「主題の破壊」を読み取り、「何かを意味する作用」がそこでは抹消されていると言う。沈黙の支配を前にして鑑賞者はとまどうのである。絵画とは何か、画家とは何者かという根本的な問題にまで論が及ぶのだが、そうした問いに直面させるほどの力をマネの絵が秘めていることを感得できる一冊。

・ミシェル・フーコー『マネの絵画』、阿部崇訳、筑摩書房、二〇〇六年

いわゆる「構造主義」を代表する思想家フーコーはマネについての本を書こうと試み、マネの絵画をテーマとした講演を世界各地で行っていた。著作の出版のほうは結局実現しなかったのだが、講演の内容についてはその記録（一九七一年チュニスでの講演記録）を本書にて読むことができる。マネの絵は主体（画家および鑑賞者）の立ち位置を攪乱し危うくする。この主張の意図するところは、フーコーの他の著書とあわせて読むことで浮かび上がってくるだろう。

カントの『判断力批判』について

カントの著書『判断力批判』（一七九〇年）は近代美学の結晶とも言われる本であるが、美学という一つのジャンルに収まりきる書物ではない。たとえばアーレントは同書での美的判断力論を、本文で触れたように、政治的判断力論へと読み替えていった。その解釈の当否はさておき、『判断力批判』が現代の私たちにもさまざまな——美学の範囲を超えた——インスピレーションをもたらすことは間違いないと思われる。現代の哲学者たちがカントの議論をどう読んでいるのかについて、以下の本を手に取ってみるとよいかもしれない。

・宮﨑裕助『判断と崇高——カント美学のポリティクス』、知泉書館、二〇〇九年

『判断力批判』が「現代哲学の主戦場」になっていることを明らかにし、著者自身もその戦いに挑もうとする研究書。二〇世紀の哲学者たちによる多種多様な『判断力批判』解釈をその要点・争点とともに把握することができる。アーレントの解釈に対する批判も読める。やや専門的な書物であるが、カント美学がどれほどの射程を持っているかを知りたい方には一読をおすすめする。

「関係性の美学」について

芸術祭やアート・プロジェクトの思想的基盤として、しばしば「関係性の美学」という考え方が持ち出される。これは、フランスの美術批評家・キュレーターであるニコラ・ブリオーの著書 *Esthétique relationnelle* (Les presses du réel, 1998) に由来する。残念ながら同書は未邦訳であるが、以下の論考を読めば「関係性の美学」の内容をある程度知ることができるだろう。

・クレア・ビショップ「敵対と関係性の美学」、星野太訳、『表象』第五号、表象文化論学会、二〇一一年、七五—一一三頁

本論文はブリオーが提起した「関係性の美学」の内容を紹介しながら、その限界に関しても批判的な考察を加えている。モノとしての作品を産み出すのではなく、社会に関与して関係やつながりを産み出すアートが増えているのはたしかだが、この論考で言われるように、そこで生じるのがいかなる関係性なのかをつぶさに見るべきであろう。なおクレア・ビショップは著書『人工地獄——現代アートと観客の政治学』（大森俊克（訳）、フィルムアート社、二〇一六年）でも、社会とアートをめぐる問題について歴史を振り返りながら論じている。こちらもあわせて読むと視野をさらに広げることができる。

・藤田直哉（編）『地域アート——美学／制度／日本』、堀之内出版、二〇一六年

「関係性の美学」という考え方を安易に日本に持ち込むことを批判する編者の論文を中心に編まれた本。研究者や批評家だけではなく、現場で活動するアーティストやキュレーターの話も読めて興味深い。芸術祭やアート・プロジェクトが増殖する日本は果たしてどこに向かうのか。

第2章……犬と暮らす

戸田　剛文

はじめに

わが家には犬がいる。前から犬と暮らしたいと思っていたのだが引っ越しを機会に暮らし始めた。在外研究でイギリスのヨークにいたこともあって、その街の名にちなんだ犬がほしいということになってヨークシャーテリアを選んだ。もともとは、子供のときにみたアニメの影響(『フランダースの犬』や『名犬ジョリー』)のために、大型犬が好きだったが、結局わが家に来たのは、成犬になってもわずか2キログラムを少し超えるくらいの小さな犬となった。私にとっては初めての犬との生活であり、どのようにしつけたらいいのかもよくわからないのでインターネットなどでいろいろと調べたりした。インターネットにはいろいろなしつけの方法などが紹介されていて、興味深いことにしばしばその方法は明らかに対立するものもあった。私は結局、いわゆるしつけというものにはあまり成功しなかった（今も継続中であるのだが）。しかし、アンと名付けたその犬は、私にいろいろと考える問題を与えてくれた。

最初は、かわいいというだけでアンと触れ合っていた私だが、先ほど書いたようにいくつかの問題に興味を持つようになった。きっかけは犬の知的能力についての問題である。私がもともと専門としている近代の哲学者たちは、だいたいにおいて人間以外の動物の推理能力に懐疑的である。デカルトのように、人間以外の動物は自動機械であるというような哲学者は問題外として、動物もある程度心はあるが推理能力などについては懐疑的な哲学者が多かった。確かに、犬は、複雑な推理能力はないかもしれない。しかし推理をしないわけではない。それに気づいたのは次のような出来事がきっかけだ。それは、私がソファーの前で床に座ってパソコンに向かっていたときに、ソファーの上にいたアンは、最初は私に遊んでほしいとばかりに前足で私の肩をたたいたり、体をこすりつけたりしていたが、私があまり構ってくれないものだから、やがて一人で小さなぬいぐるみをくわえて、それを上に放り投げてはそれを自分でひろうという遊びを創造して繰り返していた。（遊びを創造するという点だけでもなかなかのものではないか。）

そのうち、たまたまそのぬいぐるみがソファーから落ちた。私はそれに気づいて、ぬいぐるみをソファーの上に投げた。するとまたすぐにぬいぐるみが落ちてきた。それまではそれほどぬいぐるみは下に落ちてこなかった。それなのに立て続けで。ちょっと興味を持った私は、スマートフォンのカメラを内側にして、アンの様子を見てみることにした。そうすると、アンはくわえたぬいぐるみをソファーの端において、鼻先でそれを押して下にぽとりと落とした。

私はそれを見てハッとすることがあった。理論というものが経験から生み出されるのかということに関する議論が書かれている本を読んだばかりだったからだ。つまり科学的な法則は、哲学者によっては、個別の現象を繰り返し経験することによって、そこから一般的な法則として確立されると考える人もいる。それに対して、科学哲学者のカール・ポパー卿は、科学理論が必ずしも経験から生じるわけではないということを論じている。彼によれば、われわれは自然にある一般法則を、経験によって組み立てるのではない。むしろ一般法則があることを初めから期待し、それを自然の中に作りだすのだというのである。

アンは、何度もぬいぐるみを落として、そこからぬいぐるみを落とすとそれを投げてもらえる（あるいはかまってもらえる）と考えたわけではない。ほんの一、二度の偶然的な経験から（そしてそれが習慣というには程遠いであろうときに）、またぬいぐるみを落とせば私が彼女の相手をしてくれるのではないか、あるいはぬいぐるみがポンと飛んできて、それをキャッチする遊びができるのではないかということを、仮説としてたてたのではないだろうか。そして彼女はそれを確証していったのである。

私は感心して、そして犬の知能について興味をもちはじめた。これが、アンが私に問題を与えてくれたはじめての問題である。実際、非常に高い知能の犬も報告されている。例えば、有名なボーダーコリーのリコは、二〇〇以上の物の名前を覚え、しかも自分がすでに知っている物の名前をもとに、初めて見た物の名前を同定することができる(1)。

このように犬の知能に興味をもち、いろいろな動物に関する本を読んだりしているうちに、私は犬の知能よりも、われわれ人間と動物の道徳的な関係について興味を持ち始めた。そして、この動物にかんする道徳的問題は、すでに非常に多くの人々の関心を集めており、哲学・倫理学の一分野といっていい問題である。この問題も、ほかの章で取り上げる問題と同じく、この本の一つの章で取り上げるにはあまりにも大きなテーマであるが、こういう問題があるということを知ってもらうために、その表面的な部分だけでも紹介し、身近で、そして難しいこの問題をみなさんが考えるきっかけとなればと思う。

動物についてのわれわれの取り扱いについて、興味深い問題がある。それは、もしもあなたがいわゆるコンパニオン・アニマルと暮らしていて、その動物が近所の、あなたと折り合いの悪い人によってけがをさせられたとしたらどのような罪にその人が問われるのか、という問題である。これはテレビなどでもときおり紹介されることがあるのでご存知の方も多いであろう。この場合、刑法第二六一条が適用されて、器物損壊罪となる。そしてこれが紹介されたとき、テレビの中の出演者たちは(おそらくすでに知っていたとしても）驚きの表情を見せる。視聴者も初めてこのことを知ったならば驚くかもしれない。特にその人や犬や猫やウサギなどと暮らしていたらますますそうであろう。実際にそのような事件が起こったとしたらどうだろうか。コンパニオン・アニマルと暮らす人は、彼らを子供のように、家族として考えていることが多いのではないだろうか。動物と暮らしている人をはじめとして、動物を愛している多くの人は、動物をたんなる器物以上のものであり、私たちが道徳的にも配慮するべき存在であると思っているのではないだろうか。しかしこの問題を突き詰めていくと、私たちは本当に動物に対して道徳的に配慮しているのかという疑問が生じるのである。

1 動物への道徳的配慮

動物に対する道徳的な配慮が問題になるとき、一般的にはあらゆる動物が対象になるわけではない。ましてやあらゆる生命が対象になるのではない（もちろんそういう立場もありえるだろうが）。動物の権利が問題になるとき、動物が痛みや喜びを感じるかということがしばしば一つの基準になる。この考えによれば、痛みを感じないもの、例えば石を蹴飛ばしても、そのこと自体は道徳的に責められることはない。このような考えの源流として取り上げられるのは、イギリスの哲学者ベンサムである。ベンサムは功利主義者として知られているが、その考えは「最大多数の最大幸福」という言葉で有名である。つまり、社会全体の幸福の数を増やすことが、われわれが目指すべき方向性だということである。そしてこの幸福とは快楽や苦痛によって測られる。つまり、快楽計算をして、快楽の総量が苦痛の総量を上回るような行為が、道徳的に善い行動として評価されるのである。ベンサムの面白いところは、人間だけではなく、動物をもその理論の対象としたことである。彼の次の言葉は、頻繁に引用されている。

十分に成長した馬や犬は、生まれて一日・一週間・ひと月さえたった幼児よりも、比較できないほど社交的でそして合理的な動物である。しかし、事実がそうではないとしてもそれが何の役に立つだろうか。問題なのは、「彼らが推論するか?」でも「彼らが話すことができるか?」ではなく、「彼らが苦しむか?」である。(2)

だから、快楽を感じると思われる動物は、道徳的な配慮の対象になるとされるのである。このベンサムの基準は、これに賛成するにせよ反対するにせよ、この問題では避けては通れないと言っていいほど、必ず取り上げられるものである。もちろん、どの動物が苦痛を感じるのかという問題は出てくるだろう。苦痛を感じるか感じないかという境界線は、これからの研究によって変化するかもしれない。だが、そのこと自体は、問題ではない。場合によっては、現代の科学な水準で、苦痛を感じると考えられている動物から始めればよい。

ただし、現代においてはこういった功利主義以外にも多くの立場がある。人間が大きな利益を得るかどうかにかかわらず動物には自分の利益を守られる権利があるという立場（いわゆる「権利論」）などは、その代表的な立場の一つである。それ以外にも多くの立場があるが、本章ではこれらの分類を、次の段階として読者に委ねることにする。

動物に道徳的な配慮を与えるとしても、もちろん人間とまったく同じように扱うべきだというのではない。わが家のアンを、人間の子供と同じように学校に入学させたいとか、させるべきだと思っているわけではない。要求されているのは、むしろ消極的な基準である。それは「動物に不必要な苦痛を与えない」ということである。しかし、いったんこの基準を認めるならば、われわれと人間以外の動物（快苦の感覚を持つ動物）との関係は、大きな影響を受ける可能性がある。しばしば次のような動物の使用が問題となる。そしてこれらのものはどれも私たちの生活と密接に結びついたものである。

1. ペット産業
2. 娯楽・衣料
3. 食用
4. 動物実験

こういったリストを見ると、われわれが動物と関係しているほとんどの領域が再考にさらされることになる。もちろん再考にさらされるということは、こういった利用が即否定されるということになるわけではない。「一切の苦痛を与えない」のではなく「不必要な苦痛を与えない」なのだ。しかし、これらの動物の利用は私を含め、多くの人々にとって身近でよく目にするものであろう。(動物実験などもよくニュースなどで、「……がマウスで成功した。数年以内に人間での実用を目指す……」というような報道がなされている。)そうすると、何が必要で何が必要でないのかということが問題になる。もちろんこれらについて、ここですべてを詳細に説明することはできない。しかし、まずはそれぞれについていくつかの問題点を述べておくことにしよう。

2　具体的な問題

ペット産業

ペット産業といってもその形態はさまざまである。特に問題とされるのは、日本でも最もポピュラーな販売形態である大型ペットショップで行われている生体販売である。私自身、アンをわが家に迎えたのはこの方法である。こういった販売では、しばしば狭いケージやガラスケースの中で長時間、子犬は閉じ込められることになる。ときには、生後数か月たって比較的大きくなった犬が、そのまま小さなケースで閉じ込められていることもある。世界的に生体販売は、厳しい批判にさらされている。ではブリーダーから直接に購入するという形態をとればいいのかというと必ずしもそういうわけではない。中には悪質なブリーダーがいて、小さなケージに母親を閉じ込めてひたすら交配・出産を繰り返させる（しばしばパピーミルと呼ばれる）。その母親はほとんどそのケージから出されることはない。十分に快適な生活環境を与えて子犬を母犬に大きな負担をかけることなく繁殖させるブリーダーもたくさんいるだろうし、そういった環境で育てられる犬と比べると、明らかに上述したような形態のペット販売業は不必要な苦痛を動物に与えていると言えるだろう。

また、明らかに不必要だと思われる悪習もある。私はアンと暮らし始めたとき私と遊んでいる最中に、しばしば短い尻尾をフリフリしているのを見て、この子は尻尾が短いから、ほかの犬と比べて尻尾による表現がわかりにくいなあと思っていた。しかし、あるときインターネットでアンとよく似たヨークシャーテリアを見たとき、何かが違うことに気づいた。そう、そのヨークシャーテリアの尻尾は長かったのだ。しかも結構な長さだ。これはいったいどういうことだろうかと調べてみた。そしてわかったことは、しばしばある犬種は、生後間もないころに尻尾を切られるということを知った。いわゆる断尾と言われるものである。かつてヨークシャーテリアは、ネズミ捕りのために作られた。そのため、小さな穴に潜るには、長い尻尾が邪魔となった。それが断尾につながったらしい。しかし、もちろん現代のヨークシャーテリアが、そのようなハンティングに使われることはほぼない。日本で断尾が行われるのは、美的な外観のためであったり、スタンダードと呼ばれる規格のためであったりするらしい。ちなみにドーベルマンのすっとたった耳も、切られたものである。しばしば生後まもない子犬は痛みを感じにくいということが言われるようだが、どうやらそのようなことを示す十分な根拠はないどころか、むしろその逆であることを示す根拠の方が多いらしい。

もちろん、良心的なブリーダーの場合であっても、まったく道徳的に問題がないかと言えばそうではないだろう。それは今ここで取り上げている不必要な苦痛を与えるべきではないという問題とは少し異なる問題である。つまり、結局のところ販売するということは、いわば動物を商品として扱うということである。これは、本章でもすでに述べた、動物を所有物(器物)として扱うという考えにかかわるものであり、先ほどとりあげた一から四のすべての問題に関係している。動物を商品として扱うということは、かつて行われていた奴隷としてある人々を扱うということと同じように動物を扱うことだと言われることも多い。ただ、この点についてはまた後で述べることにしよう。

娯楽・衣料のための動物

娯楽のための動物利用といってもその幅は広い。闘犬、闘牛、ドッグレースといったものからサーカス、動物園のようなものまである。また動物を用いた祭り(フェスティバル)のようなものもこの領域に入るだろう。日本でも土佐犬による闘犬が行われている。アメリカではピットブルと言われる犬種は闘犬用の犬種として知られている。サーカス、日本の猿回しなど、動物に芸を覚えさせ客を集める興行も古くからおこなわれてきた。動物園については、たんなる娯楽施設とは言えない側面があることは間違いない。動物園は、休日の家族のリクリエーションの施設ということだけではなく、動物の生態あるいは動物への関心を高めるという教育的目的、また動物の生態の研究という研究的な目的もある。しかし、動物園も議論の対象外にあるわけではない。特に私企業が運営する収益を目的とした動物園（サファリパークなど）にはしばしば強い批判がある。

衣料は、上で挙げた娯楽のための動物の利用よりもさらに身近なものだろう。私たちの身の回りには多くの革製品でできた衣服・カバン・靴などであふれている。しばしばそれは、自らの富の誇示のために使われることもある。しかしそのようなものが本当に必要だろうか。優れた布製品や合皮製品などがあるのに、わざわざ本当の動物の皮である必要があるのだろうか。しかし例えば牛や豚など、どのみち食用で肉を利用するのだから、革を捨てるのはもったいないと言われるかもしれない。牛や豚の命を奪うのだから、無駄を出しては牛や豚に失礼だという考え方もあるかもしれない。しかしそうだろうか。食用については、次にとりあげるが、そもそも失礼な行為は、牛や豚の命を奪うことかもしれない。そうだとするならば次のように考えることもできる。もしも動物の革製品を多くの人が買うのを拒否したとする（あるいは法律で禁止する）。そうすると、牛や豚は革製品の素材としては用いることができなくなる。その結果、牛や豚の利用の用途は減り、食用肉の値段も上がるだろう。そうすると、人は肉を食べる量を減らすかもしれない。そのことは結果的に、牛や豚が殺されることを減らすことに役立つかもしれない。

それはともかく、動物の利用は、しばしば文化を理由に擁護されることもある。ただ文化を正当化の根拠にすることは、こういった娯楽のための動物の利用に限らず、ファッション、食用など非常に多岐にわたる。そのためこれについてはまた後述することにしよう。

食用

食用としての動物の利用は、われわれにとって大変身近なものであろう。ベジタリアンやヴィーガン以外のほとんどの人は、かなりの頻度で何らかの動物を食べているのではないだろうか。国によって食べられる動物の種類には違いはあるだろう。そしてその違いはしばしば問題を生じさせる。例えば、中国や韓国の犬食、日本のクジラ食などに対しては、野蛮であるとか残酷だという批判がしばしばなされるが、それは動物一般を食べることへの批判ではない。それゆえ、批判された方は、批判者に対して、彼らもまた牛や豚などの肉を食べることを指摘して再反論するのである。そしてこれもまた動物を食べること自体に対する批判とは言えない。しかし、はたしてわれわれが動物を食べることは正当化できるのだろうか。もちろんそもそもわれわれの行為のすべてが正当化を必要とするわけではない。あなたが自動販売機で喉がかわいたときにコーラを買うことを正当化する必要などないかもしれない。しかし、もしも動物も道徳的配慮の対象になると考えられるならば、動物を食べることに何らかの正当化は必要だろう。

この点について学生に質問すると、いくつかの答えが返ってくる。一つには、人間は何らかの生命を食べなければ生きていけないというものである。確かにそれはそうだろう。しかし、すでに述べたように、動物の権利を訴える多くの人は、すべての生命を食べ物として利用することに反対しているわけではない。あくまでも痛みを感じたり喜びを感じたりする動物を道徳的配慮の対象としようとしているのである。現代のわれわれにとっては植物が苦痛を感じることを示す証拠はない。それが苦痛を感じないということは、例えば切ったり焼いたりしたとしても、その点に関しては植物に不利益はないと考えるのである[3]。

また次のように答える学生もいる。つまり、人間が動物を食べるということは自然なのであると[4]。この考えは、ある意味でとても「自然な」考えであるように思える。われわれ人間は食べるべくして動物を食べているように思える。しかし、人間にとって自然という考えをあてはめることは極めて難しい。人間ほど自然に生きてない動物はいないのではないだろうか。われわれが自動車に乗ることは自然なことだろうか。病気になったときに病院にいくことは自然なことだろうか。野生のライオンは肉を食べて生きるということは確かに自然だろうし、そうしなければ生きてもいけないだろう。しかし、人間は動物を食べ物として利用しなくても生きていける。人間は自然なありかたを常に変えて生きてきた動物である。食べ物についても同じことが言えるだろう(5)。

ここで、これまで後回しにしてきた文化について考えてみよう。確かにわれわれは自分たちの文化を大切にするべきというだけでなく、他者の文化にも敬意を払うべきだということに疑問の余地はない。しかし、文化というものは不可侵なものではない。事実、多くの文化は時代とともに変化している。遊郭などもかつては文化のひとつだったであろう。しかし、そういったものも、社会的価値観・倫理観などの変化とともに終わりを告げるのである。遊郭のようなものもそれにたずさわり、利益を得ていた人間は、守るべき文化だと言ったかもしれない。文化を守るということは大事であるとしても、それが他の道徳的配慮の対象となる存在の犠牲のもとに守られるべきではない。あと、一つ付け加えておくならば、しばしば犠牲となる動物のあらゆる部位を利用するということによって、その動物を大切に扱っていることとして述べられることがある。例えば、クジラについて、日本人は、たんに航海の燃料として使ってきた欧米と異なり、そのすべての部位を利用してきた。要するに日本のクジラ文化は、クジラを利用する際に無駄を生み出さないくらい大事に扱っているということである。しかし、このような主張はほとんど役にたたないと思う。無駄を生み出さないことが美徳であるのは、その行為が道徳的にそもそも正当化されていて初めて成り立つことだからである。猟奇的な殺人者が、被害者の身体をすべて何かに利用したとしてもその殺人に対する非難が軽減するわけではない（むしろ増大するだろう）。

動物実験

動物を人間が利用するときに、われわれにとって直接的になじみがあるわけではないが、間接的には非常に社会の中で大きな役割を果たしているものが動物実験である。動物実験には、化粧品や薬品の副作用などの検査、医学的実験、心理学的な実験など多岐にわたる。化粧品をはじめとして、人間の皮膚などに直接用いることがある製品は、かつては動物でまずその安全性が実験されることが一般的だった。医学的研究、たとえばがんの研究などではラットに意図的にがん細胞が作られる。こういった動物実験において、動物の苦痛が考慮され始めたのは比較的最近のことである。

時には、動物実験の中には物議を醸しだしてきたものもある。アメリカの心理学者ハリー・ハーロウの実験はとくに有名である。ハーロウは、人間の赤ん坊にどれほど母親のような存在が必要かを調べるために、生まれたてのサルの赤ちゃんを、母ザルの人形を母親と思いこませてしがみつかせるという実験を行った。その母ザルの人形は、赤ちゃんサルがしがみついている間、中から高圧の空気を発射して赤ん坊を吹き飛ばそうとしたり、電気ショックを赤ちゃんザルに与えたりする。赤ちゃんザルが母親だと思っているものから拒絶あるいは苦痛を与えられることによってどのように精神が破綻していくかを明らかにするものであった。こういった物議を醸した多くの動物実験は、この問題について大きなインパクトを社会に与えたピーター・シンガーの『動物の解放』などに多く紹介されているので、ぜひご一読されたい。

はたしてこのような実験が必要なのだろうか。やはりまったく必要ないということにはいささかためらいがある。進化論によって、人間とそれ以外の動物の連続性をわれわれは認めざるを得ない。人間以外の動物に当てはまることが、人間にも当てはまると考えることは理にかなっている。しかし、一方で、動物実験の結果がそのまま人間に適用できるわけではない。時として、動物実験の結果が、人間についての間違った予測を生み出すことが指摘されている。例えば、動物実験によってタバコと肺がんの関連性が見出せなかったことが、人間においてたばこと肺がんの関連性に対して疑問を生み出すことになったことがある。また、動物実験が必要だとしても、実験に用いられる動物への倫理的扱いは広まりつつあり、動物実験については少しずつ規制ができてきている。また動物を用いずに別のものでかつての実験を置き換えていこうという動きはすでに表れている。日本でも、日本動物実験代替法学会などが存在している。

3　動物を食べることは正当化できるのか

さきほど、動物の使用について特に取り上げられる問題を四つ取り上げて紹介した。このわずかな紙数でそのすべてを詳細に検討することはできない。そこで、特に身近な問題だと思われる食用についてもう少し説明を付け加えておく。

そもそもまずわれわれにとって、動物を食用とすることは絶対に必要というわけではない。われわれは、すでにベジタリアンやヴィーガンといった人々がいることを知っている。われわれは肉類を食べるのは、栄養という観点以上に、味覚から快楽を得るという目的のためによる。つまり、われわれは快楽のために動物に多大な苦痛を与えているのである。

家畜としての動物の飼育の仕方にはさまざまなものがある。日本では、例えば山地酪農という農法が注目されているが、これなどは、なるべく牛などを牛舎などに閉じ込めることなく、ほぼ自然な状態で放牧するという仕方で育てられている。製品を大量生産するという点ではこのような仕方は不向きだろうが、そこで飼育されている牛などにとっては良好な環境であると言えるだろう。その対極にあるのは、アメリカなどで中心的に行われている工場畜産とよばれるものである。ほとんど身動きがとれないような場所に押し込められ、断角が行われたり、焼き印を押されたりし、乳牛の場合は、常に牛乳を生産できるように絶えず交配させられる。肉牛は言うに及ばず、乳牛ですら牛の平均的な寿命よりもはるかに短い時間しか生きることができない。こういったところで飼育される動物は、ほとんど人間にとっての資源としてのみの苦痛に満ちた短い一生を送るのである。

しかし、もしも動物に苦痛を与えることなく、食肉へと変えることができればどうだろうか。動物にとって快適な暮らしを提供し、そして苦しみを与えることなく一瞬で殺害することができれば、われわれは動物に危害を与えたことにはならないと言えないだろうか。このような考え方は、これだけ聞くと奇妙に思えるかもしれない。というのも、これは明らかに人間には当てはまらないような考え方だからである。人間の場合、苦痛なく殺されたならば危害を与えられたことにはならないなどと言う人はいないだろう。しかし、動物の場合はしばしばそうではない考え方が主張されることがある。人間にとって死が危害となるのは、人間には生きようという欲求や、将来実現したいと考えている展望などがあるが、そういったものが死によって絶たれてしまうからである。しかし動物にはこういったことが当てはまらないと考えている人々もいる。非常に単純にそのことを説明するならば、将来の欲求や将来の展望などを持つためには、時間を通して存在している自己や欲求の対象などについての概念を持たなければならないと主張されるのである。しかし、動物は言語をもたず、おそらくこのような概念を持っていない(6)。それゆえ動物にはこのような欲求や展望などももちえない、だから苦痛さえ伴わなければ死は動物にとって苦痛ではないというのである。(私には、このような考え方には賛成できない。未来への展望をもっていなくとも、少なくとも動物に生きようという欲求を帰属させるべきであろうし、そうならば死は彼らにとって苦痛かどうかはともかく不幸となるはずである。）そして、この議論を徹底すると、例えば生まれたての赤ん坊や重度の知的な障害を抱えている人にもあてはまるだろう。[7]

ただ、このような考えが可能だとしても、現実的にはほとんどそのような苦痛なしに動物を食用にするということはできていないと考えるべきである（そしてシンガーのような功利主義者が食用に反対するのもこのような理由による）。ここではこれ以上詳しく紹介できないが、世界で大量の食肉を提供するために効率重視の飼育が行われている。そこでは、ときにほとんど身動きが取れない状態で、非常に短い生涯を終える暮らしを動物たちは強いられている。こういったことは今後動物の権利に関する本などを読んでいただくと多くの事例が紹介されているのを目にするだろう。確かに山地酪農などは、比較的、動物に苦痛を与えずに食肉にする可能性があるかもしれない。しかし、ほとんどのわれわれが口にしている食肉は、そのような過程を経て作られたものではないだろう。山地酪農やかつての小規模牧畜は、動物には比較的優しいものだろうが、効率性は高くなく、もしもこういったものだけになれば供給量はかなり少なくなるだろう。残酷な扱いを経由しているからこそ、われわれは比較的安価に肉を口にすることができているのである。命を犠牲にしてありがたいと思いなさい。こういったことはよく言われることだが、本当にそれだけでいいのだろうか。私たちがしていることは正しいことだと自信を持って言えるだろうか。

この問題を閉じる前に、食用としての動物の利用は、しばしば直接的には動物に対する道徳的配慮とは違う角度からも問題視される。アジアを中心に栽培される米などはほとんどが人間の食用として栽培されているが、特にアメリカなどで栽培されている小麦のかなりの部分は、家畜の飼料のために作られている。

食肉から得られるカロリーは、その飼料から得られるカロリーに対して著しく低い。もちろんカロリーさえとればよいというわけではないが、人が生きていく上で最低限必要なエネルギーとして考えるとこの点は注目に値する。家畜に与えるエネルギーを一〇〇とすると、鶏から得られるカロリーは一二、豚から得られるカロリーは一〇、牛から得られるカロリーはわずかに三しかないと言われている。国が豊かになればなるほど人々は牛肉を食べる傾向があると言われているので、多くの人が牛肉を食べようとするならば、非常に多くの穀物がその牛の餌として消費されることになる。

この世界には牛肉を多く消費する豊かな国がある一方で、満足に食料を確保できない人々も非常にたくさんいる。今から約三〇年前、私が中学生のころは世界の人口は五〇億人だったが、現在はすでにその約一・五倍に膨れ上がっている。二〇五〇年には九〇億人を突破するという国連の予想がある。人口が増え続けるほど、われわれは食料問題についてさらに真摯に取り組まなければならない。この観点からしばしば言われることは、われわれが肉食をやめることは、あるいは少なくとも減らすことは食料問題への貢献となることが指摘されている。先ほど述べたことからも明らかだろう。つまり、家畜の飼料として供給している穀物を食料として利用することによって、家畜の肉を食用とするよりもはるかに多くの人々の食料が賄えるのである。

しかし、現実にはおそらくそう単純にいくわけではないだろう。動物の飼料という需要があるからこそ、穀物が生産されているということもまた事実である。動物の資料としての需要が減少すれば、穀物の価格が下落することは十分考えられる。そうなったときも今と同じように穀物が生産され続けることは難しいだろう。食糧問題からの議論は、食用としての動物を控えるきっかけとなるかもしれないが、これ自体が大きな論点となることは難しいように思われる。

動物を食用とすることを問題視することを、今述べたような食糧問題を解決するための手段として考えることは、大量の穀物を動物の飼料として用いたとしても科学技術の発展によって人間にも十分な食料が提供されることが可能になるような状況が実現されれば、われわれは遠慮なく肉食をしてもよいということになるだろう。

4 幸福な社会

すでに述べたように、動物を道徳的配慮の対象として含めることを提案した古典的な代表的哲学者は、功利主義者であるベンサムであり、功利主義は社会の幸福つまり快楽を最大化することを目的とする。そして、現代において動物の地位をめぐる問題に大きく目を向けさせたのも、また功利主義者であるシンガーである。このようにわれわれが動物に対して払うべき配慮について、功利主義が果した役割は大きい。功利主義的な思考は、われわれが動物との共存を考える上で、現代でも大きな影響を及ぼし続けている。しかし、功利主義は（動物のもつ快苦の感覚に注目することで）きっかけとはなっても、それだけで議論を推し進めて行くことは難しいだろう。まず、動物の快苦と人間の快苦を比較考量することは難しい（そしてこれは動物と人間に限らず、人間同士においても言えるだろう）。この問題は、自己主張できる人間が、自己主張できない動物に配慮することで成り立つ。そしてここに難しさがある。利益を侵害している（と考えられている）人間が、利益を侵害されており、それを訴えることができない動物を擁護しようとしているのである。動物に配慮を与えようとすればするだけ、人間は自らの利権を放棄してくことになる。それゆえ、ついわれわれは動物の苦痛を過小評価するかもしれない。また、もしも快苦の比較ができたとしても、本当に功利主義的に進めていけばいいのかということもわれわれは考えてみなければならない。

動物と人間の間で快苦の量を比較することが可能であったとしてもまだ問題がある。すでに述べたように、快苦の量を基準にする考えは、現実に達成することが難しいとしても、動物にほとんど苦痛を与えず成長させ、瞬間的に動物を殺すことができれば、動物を殺しても良いということになるかもしれない。あるいは、そういったことは、人間にも場合により当てはめることができてしまうかもしれない。

現実問題としては、私たちは人間の問題について考えるとき、功利主義的な考えがうまくいくことも多々あるが、それがもたらす考えをいつも正しいと感じるわけではない。例えば、もしも人身売買を認めることが、その売買に携わる売り手と買い手の利益を高めて、しかも、ほかの人々に大きな害をもたらさないということが明らかだとしても、やはりそういった売買は、許されるべきではないと思うだろう。もしも重度の知的な障害を持っていて、自分がいじめられていることに気づかない人がいたとする。その人がいじめられているのを見たとき、あなたはいじめられる方がえられる快楽といじめられている人の苦痛（この場合は、これはゼロになる）を比較して、そのいじめを認めるだろうか。認めないとして、それがいじめっ子がさらに残虐な人間に成長し、社会に害を与えるということが理由になることもあるだろう。ただ、それだけが理由になるだろうか。そもそもそういった行為は、ひどいことなのだと多くの人は思うのではないだろうか。そしてむしろそういった人のために、そのいじめを阻止しようとはしないか。

そして動物の問題に話を戻すと、すでにはじめの方で触れたように、こうした問題点から権利論と呼ばれる立場を支持する人も多い。例えば、フランシオンは、動物は人間の所有物として扱われない権利をもっていて、それが人間が得る利益によって侵害されることがあってはならないと主張している。

動物は痛みも感じる。そして自分が攻撃されていることも理解できる。彼らは苦痛の叫びをあげることもできれば、攻撃に対して抵抗することもできる。しかし、多くの人々のように、それを人間の社会制度の中で改善しようという行動をとることはできないし、人間と対等に戦うことはできない。そして私たちは動物から多くの利益を得ている。私たちが圧倒的に自分たちにとって有利な状況にあるこの問題こそ、私たちが何が正しいかについて取り組むべき場を提供してくれると思う。それは私たちが、どのようなことを正しいと思い、そしてどのような社会にしたいかという問題なのだ。そしてそういった理想的な社会を実現させようとするならば、私たちは、身を削ることも必要である。動物を食べる場合でも、少しでも良い環境で育てられた動物を選ぶべきだ。安価に快楽を得るために犠牲者にいっそうの苦痛を与えることを認めるような社会は望ましいだろうか。

現代においてこの動物の権利が問題になった一つのきっかけが快楽計算によって幸福を増大させようとする功利主義的な発想であることは確かだろう。しかし、例えば功利主義を提唱したベンサムが、快楽計算の対象を人間から人間以外の動物に拡大したときに、彼にその考えを思いつかせたのは、ただ人間以外にも快楽を感じるという事実だけだったのだろうか。これは私の想像だが、そこには、ベンサムの動物のへの共感の気持ちが大きく作用していたのではないかと思う。先ほど、動物にとって死自体が不利益かどうかについての議論に触れたが、そこで問題になったのは、未来の概念や自己の可能性などにアクセスできる知的な側面であった。確かに、動物を食用にすることが問題になるとき、こういった動物の知性に焦点が当てられることは理解できる。しかし、動物にどれくらい共感するかどうかということが問題になるならば、知性よりも感情の方がもしかしたら重要になるかもしれない。というのも、私たちが一緒に暮らす動物に愛情を感じるとき、それはその動物が賢いからではなく、感情で交流ができるからということの方が大きいのではないだろうか。私がアンを本当に家族のように思えるのか、アンが賢いからではなく（むしろあまり賢くない）、怒ったり、寂しがったり、甘えてきたりするからのように思える。もちろん、知性と感情は対立するものではない。両者はともに強い関係を持ちながら、進化していると思われる。

もちろんこういった共感や愛情だけに道徳的配慮を完全に結びつけることもできないだろう。愛情だけで私たちは他者を幸せにしようとすることはできないかもしれない。そういったときに生きてくるのは道徳的な配慮をしなければならないという義務感かもしれない。

最後に、動物を所有物として考える考え方も、私たちは十分に検討する必要があるだろう。確かに、法的には所有物という扱いの方が、今のような人間中心的な社会の中では、動物にとって利益になる可能性もある。[8] しかし動物がしばしばひどい扱いを受けるのは、所有物という考え方が、あまりにも動物にとって不利益な仕方で理解されることが多いからである。例えば、所有物である以上、それをどうするかは所有者の権利である。かつての奴隷制度に動物の地位がしばしばなぞらえられるのは、まさにそのような点が類似しているからである。私たちは、すでに動物への虐待などを禁止するように法律でも定めてきているのだから、所有物という概念を動物に適用するのはやめるべきかもしれない。

おそらくこういった問題は、何か一つの基準で解決しようというのは難しいだろう。私たちが動物に対する共感、どのような社会に行きたいかという理想など、多くの観点から取り組むべき問題だろう。もちろんこういった観点や基準が複雑化すればするほど、一つの答えからは遠のくかもしれない。しかし、こういった問題に無関心な社会、あるいは生き方よりは、はるかに善い状態であると思う。

注

（1）例えば、ABCという三つのものがあり、リコはすでにAとBの名前は憶えていたが、Cは何かをまだ知らなかったとする。そこでリコにCを取ってこいと指示した場合、リコはCの名前が、AとBの名前ではないということから、Cを選んで取ってくることができる。Juliane Kaminski, Josep Call and Julia Fischer, "Word Learning in a Domestic Dog: Evidence for "Fast Mapping","Science 304, 2004, pp. 1682-1683.

（2）Jeremy Bentham, An Introduction to the Principles of Morals and Legislation, T. Payne and Son, 1789, Chap. XVII, Para. IV, n2, P. 309.

（3）植物のような生命を尊重しない、あるいはそれに敬意を示さないということではない。

（4）これらの答えは、必ずしも学生が自分の立場として述べたものとは限らない。私は、もしも動物を食べることを正当化するとしたらどうするかと促すことも多い。

（5）もちろん病院に行ったり、車に乗ったりといった次々に変化していく生き方が人間にとって自然であるとも言える。だがその場合、動物を食べなくなったとしても、またそれも自然だということになる。

（6）動物が死の概念を持っているかどうかということは、しばしば議論される問題ではある。

（7）このようなことを考えるならば、ただ感覚を持つ主体にとっての快苦の量がどうかということだけでは解決できないように思われる。私たちが、そのような状況に対してどのように感じるかということを考慮に入れなければならない。しかし、その場合もある意味で、そういった出来事に際して、他の人が受け取る快苦も含めて社会全体の快苦の比較だと言えるのではないかと考えることもできるかもしれない。

（8）例えば、所有物であるがゆえに保護されるということがあるだろう。

おすすめ書籍

動物の権利・倫理にかんする書籍は、海外では多くの文献が出版されているが、わが国ではまだまだ多いとは言えない。その中で全体的な議論を見ることができるものとしては、本文で紹介したシンガーのものや次のものなどがある。

・ピーター・シンガー『動物の解放 改訂版』、戸田清(訳)、人文書院、二〇一一年

動物の道徳的な扱いについて論じ、この問題に多くの人々の注目を集めるきっかけを作った本で、この問題に興味がある人は是非読んでいただきたい。動物に対する問題のある扱い方について多くの具体事例も紹介されている。

・ゲイリー・L・フランシオン『動物の権利入門――わが子を救うか、犬を救うか』、井上太一(訳)、緑風出版、二〇一八年

フランシオンは、本文でも少し触れた権利論の代表的な哲学者の一人。これも多くの具体例が取り上げられている上に、とても丁寧に議論が進められていて読みやすい。

・デヴィッド・ドゥグラツィア『動物の権利』(〈1冊でわかる〉シリーズ)、戸田清(訳)、岩波書店、二〇〇三年

比較的分量も少なく容易にこの問題の全体像がわかる。

上記の本を読まれた方は次のような書籍を読んでいただければと思う。

・キャス・R・サンスティン、マーサ・C・ヌスバウム（編）『動物の権利』、安部圭介、山本龍彦、大林啓吾（訳）、尚学社、二〇一三年

動物の権利をめぐる論文集であり、この本からはじめても問題ないが、上記の本で全体像を理解して入れれば、さらに理解が深まるだろう。

・伊勢田哲治『動物からの倫理学入門』、名古屋大学出版会、二〇〇八年

この本も背景知識なしに読むことができるが、動物をめぐる倫理的な問題を紹介しながら、その背景にあるさまざまな倫理学説を後半に紹介されていて、どれほど多くの観点からこの問題を考えることができるかを教えてくれる。

・打越綾子（編）『人と動物の関係を考える——仕切られた動物観を超えて』、ナカニシヤ出版、二〇一八年

哲学者だけでなく、動物に関わるさまざまな分野の人が、それぞれの立場から取り組んでいる動物の福祉について説明している。同名のシンポジウムの講演録であり、とても読みやすい。

本章のような問題を考えるときに、動物についての研究や、それに関わる書籍を読むことはしばしば大きな手がかりとなる。こういった動物の行動学、認知科学、心理学などに関する本は（特にサルの研究などを中心に）多くのものがあるが、ここでは次の二冊をあげておきたい。

・**ジョン・ブラッドショー『犬はあなたをこう見ている——最新の動物行動学でわかる犬の心理』、西田美緒子（訳）、河出文庫、二〇一六年**

犬の知的能力や犬の視点などについて、最新の研究に基づいてやさしく書かれている。犬は主従関係で人間を見るから、犬にボスの座を奪われてはいけないというような従来の考え方が間違っていることが論じられるなど、私のように犬について知りたい人にはさらにおすすめ。

・**デボラ・ブラム『愛を科学で測った男——異端の心理学者ハリー・ハーロウとサル実験の真実』、藤澤隆史、藤澤玲子（訳）、白揚社、二〇一四年**

シンガーの著作などで取り上げられ、動物実験における動物の倫理的な扱いにかんする議論を巻き起こした心理学者ハーロウを取り扱った書籍。ハーロウの実験はとりあえず動物の権利・倫理に関する本に必ずと言っていいほど取り上げられ厳しく批判されている。

上述のような書籍以外に、動物それ自体の研究だけでなく、われわれの環境の問題なども、この章で扱っている問題には有益である。そういった多くの科学的な成果、見解を知るには『**ナショナルジ**

オグラフィック』『日経サイエンス』『ネイチャー』などの科学雑誌をこまめにチェックしていただきたい。

狼との生活を通じてわれわれにとって大切なものが何かという問題を哲学者の目から描いたものに次の書籍がある。この書籍は、動物の権利に関わる問題を扱っているわけではなく、専門的な書籍というわけでもないが、それだけに読みやすく、また力強く訴えかけるものがある。

・マーク・ローランズ『哲学者とオオカミ――愛・死・幸福についてのレッスン』、今泉みね子（訳）、白水社、二〇一〇年

最近は、動物の虐待などに関わるニュースなどを含めて、多くの情報がネットで見ることができる。

・PETA の公式ページ

PETA とは「動物の倫理的扱いを求める人々の会」と呼ばれる国際的な団体であり、動物倫理にかかわる多くのニュース、動画などを見ることができる。英語ではあるが、動画などが多いので理解はしやすいと思う。（https://www.peta.org/）

・日本動物実験代替法学会

動物実験を別の方法に置き換えようとする試みは今国際的な流れでもある。これは日本におけるそ

ういった試みを行なっている学会である。

また、ペット系の情報サイトなどでも、ときどき、犬や猫の心理や行動についての専門的な研究成果が紹介されることがある。もちろんソース元の論文などをそれをもとにあたる必要はあるだろう。

最後に、動物の問題を扱っているわけではないが、人間社会における倫理的問題は、当然、動物の問題を考える上でも手がかりになることが多い（すでに紹介した伊勢田氏の本などはそのことを詳しく示している）。わが国でも有名すぎる本だが、サンデル氏の本などはわかりやすくて良いと思う。

・マイケル・サンデル『これからの「正義」の話をしよう――いまを生き延びるための哲学』、鬼澤忍（訳）、ハヤカワ・ノンフィクション文庫、二〇一一年.

第3章……宗教原理主義が生じた背景とはどのようなものか

谷川　嘉浩

はじめに

本章では、「宗教」について哲学的な考察を加える。そう聞くと、「神」「無」「原父」といった言葉による思弁を思い浮かべるかもしれない。あるいは、宗教者や神学者の手記を検討したり、聖書や仏典を独自に読み解くような文章を想像したりするだろうか。ここでは、これらのいずれの立場もとらない。代わりに、ここ数十年目立っている現象、「原理主義（fundamentalism）」を入り口に思索を進めることにしたい。

原理主義と聞いて、あなたは何を思い浮かべるだろうか。イスラームから派生した過激派の動きだろうか。21世紀の幕開けは、まさしく原理主義と呼ぶほかない過激派のテロリズムによって彩られている。ここで私が念頭に置いているのは、もちろん、9.11、同時多発テロのことだ。その当時のことを覚えている人も多かろうし、同時代に目撃していなくても、それに関連する映像を観たことがあるだろう。貿易センタービルに飛行機が衝突せんとするシーケンス、アルカイダによる声明、泣き叫ぶ人びと、果敢に救助に向かう消防士、「テロとの戦争」を語るブッシュ大統領（当時）……。

先ごろ、フランスでも宗教原理主義者によるテロが起こった（シャルリー・エブド襲撃事件）。そうした光景と重なるような文章がある。イメージを共有しておこう。

「パリで銃撃戦があるのは初めてだな」とランペルールは冷静な声で言った。それと同時にまた銃声の音が、今回ははっきりと銃声として、それも極めて近くに聞こえ、それからもっと強烈な爆発音がした。客たちがその方向を向くと、建物の上から一本の煙の柱が上がっていた。方角からして、クリシー広場の辺りに違いない。(1)

この銃声が原理主義者によるものかどうか、小説内では明らかになっていない。しかし、原理主義と聞いて多くの人が思い浮かべるのは、こうした過激な行動、あるいは、その暴力性ではないだろうか。何か重要な「原理」なるものを奉じ、ぎょっとするような行動に出る、そういう人びとを想像するだろう。

では、当の「原理主義」とは、結局、何を意味しているのだろうか。これまで見てきたのは宗教に限られていたが、今日、原理主義という言葉は、世俗的な対象に用いられることもある。例えば、ディズニーランド。新商品が出れば現地に殺到するような熱狂的なディズニーファンは「Dヲタ」と呼ばれるのだが、そうしたファン層と対比する形で、ディズニーランドのクラシカルな世界観を重視するファン層が「原理主義」と名指されることがある。(2) とはいえ、本章は、宗教を主題にしているので、こうした世俗的な用例を脇に置いて、あくまで「宗教原理主義」に限ることにしよう。

1 原理主義とはどのようなものか

原理主義研究は、国内外で一定の蓄積があり、国内の優れた研究のみならず、海外の目立った研究にも翻訳を通じて容易にアクセスすることができる。ここでは、宗教社会学者として著名なピーター・バーガーの説明を、第一次接近としよう。(3) 彼は、原理主義の持つ三つの側面を指摘している。ひとまず、それらを列挙しておこう。

1．原理主義は、反作用（reactive）現象である。

2. 原理主義は、近代的（modern）現象である。
3. 原理主義は、伝統の自明性を復元しようとする試みである。

一つ目は、原理主義が、「個別の伝統に関する無時間的な構成要素ではない」ことを意味している。共同体が自明視してきた何らかの価値観が崩壊した（と感じられた）とき、あるいは、自明視されている価値を体現する共同体が脅かされた（と思われた）とき、それに対する応答として、原理主義は生じる、ということだ。原理主義の出現は、感じられた危機に対する「症状」の一つなのだと言ってもよい。

血縁や地縁などを通じて自然と人びとの結合が生じ、それが分離されることがなかった前近代社会では、そうした危険に曝される（と感じられた）ことはなかっただろう。しかし、都市化・産業化して、人びとが選択的・人為的に寄り集まり、結合することになる近代社会では、それ以前、それぞれの村落や共同体では、疑うこともなかった様々な価値観が前提できなくなってしまう。各人の「当り前」が、無条件には通用しなくなるのだ。物事は選択の問題になり、価値観は多元化していく。ここから、バーガーは「近代は相対化をもたらす」と述べた。以上を突き合わせると、つまり、原理主義は、近代の相対化する効果に対して反作用的に生じたものだ、ということになる。つまり、原理主義は、反近代的なので、結果として近代の産物なのだ。これが二つ目の側面である。

ここで補足しておきたい。というのも、バーガーは、原理主義という言葉を、「伝統主義（traditionalism）」との対比において理解するよう促しているからだ。傍点つきで（実際にはイタリックだが）、原理主義は伝統主義とは大いに異なる、と彼は指摘している。どういうことだろうか。伝統主義は、伝統が自明視されていることを意味するのに対して、原理主義は自明性が脅かされるか、完全喪失したことを意味する。彼はこれを印象的なアナロジーで説明している。

19世紀のあるエピソードが説明に役立つだろう。ナポレオン3世がウジェニー皇后を伴ってイギリスを公式訪問した。ウジェニー（彼女の前史は、控えめにいうなら、必ずしも貴族的ではなかった）は、ヴィクトリア女王にオペラへ案内された。二人とも大変若く、立ち居振る舞いが堂々としていた。客人たるウジェニーが先にロイヤルボックスに入った。彼女は観衆の拍手に優雅に応え、それから、後ろにある自分の椅子を優雅に振り返り、そして、優雅に腰を下ろした。ヴィクトリアは、立ち居振る舞いの優雅さにおいて劣るものではなかったが、興味深い違いが一つあった。彼女は振り返らなかった——椅子がそこにあるだろうことを彼女は知っていたのだ。真に（truly）何らかの伝統に根ざしている人は、「椅子」を自明視しており、特に何も考えず（without reflection）それに座ることができる。一方、原理主義者は、もはや「椅子」がそこにあると決めてかからない。原理主義者は、そこにあると主張しなければならず、それは熟考と決断を前提としている。

このメタファーが有用なのは、彼らの価値観を否定する者に対して、彼らがどのような反応するのかを実感させてくれるからだ。

伝統主義者は、その「椅子」にくつろいでいられるし、彼らにとって自明な「椅子」の存在を否定する者は、わかりきったことを拒絶する「哀れな頓馬」でしかない。逆説的に、伝統主義者は、価値観を共有しない者にいささか寛容ですらある、とバーガーは指摘する。それに対して、原理主義者にとって、価値観を共有しない他者は、「やっとの思いで手に入れた確実性（certainty）に対する深刻な脅威」である。だから、原理主義者は、しばしば回心の強行、隔離、抹殺など、強固な対応を採るのである。ここから、三つ目の側面が導かれる。すなわち、原理主義とは、もはや自明でなくなった伝統を、何とか自明なものにしようとする試みなのだ。

彼らは、自身の試みを、あるべき「伝統の無垢な過去（pristine past）への回帰」として理解する。純粋な（pristine）条件を実現している始原を設定し、それを必死で選び取っているのである。しかし、そのような条件は決して取り戻すことができないので、「原理主義的プロジェクトは、本来的に儚いものだ」とバーガーは結んでいる。

2　近代化と、キリスト教原理主義

いささか話が抽象的になってきた。ここで、具体的な原理主義を通して上の側面を確認しておこう。私たちが扱うのは、原理主義の原型となるアメリカのキリスト教プロテスタントである。上に見たように、原理主義と伝統主義の線引きが、社会の構造的な変化にかかっている以上、ここでも、まず、キリスト教原理主義が登場する社会背景をおさえる必要がある。時代は、一九世紀後半以降の社会的変化を追っていこう。

南北戦争（一八六一―六五年）を経て、北部を中心に産業を発展させたアメリカは、大規模かつ急速な工業化と都市化を経験した。経済大国として躍進したアメリカは、一九世紀末までには、イギリスを抜き世界一の工業国家になった。この急激な発展が社会にもたらした影響は、南北戦争から一九世紀末が「金ぴか時代（Gilded Age）」と呼ばれることから察することができる。この時代のきらめきは、表面上のメッキに過ぎない、というわけだ。この言葉は、マーク・トウェインとチャールズ・ワーナーによる同名の小説に由来する。そこでは、一見豊かになったものの、拝金主義、政治腐敗、成金趣味、高慢な資本家の台頭など、悪しき経済文化に染まっていくアメリカ社会が風刺され、格差と不平等の拡大する現状が嘆かれている。

金ぴか時代を象徴するのが、エディソン、カーネギー、ロックフェラーといった面々である。こうしたビッグネームに象徴されるアメリカの技術革新と経済成長は、労働市場の拡大をもたらした。その結果国内では、急激な都市化が進む一方で、国外からは、東欧・南欧を中心に多くの移民がアメリカに殺到した。国中から、いや、世界中から大都市に人が集まるということは、互いに自分の地域では通用していた価値観や規則が通用しなくなる、ということだ。人びとは、地縁や血縁などによる自動的な結合による「共同体」ではなく、いわば、見知らぬ者同士が隣に暮らす「社会」の中に生きることになる。そこでは、何を確かなものと思えばよいのか、誰を頼り、どんな言葉を信じればよいのか、といった問いへの自明な正解はない。選択肢が多元的な状況で、人は、不安を抱えながらも熟考と選択を重ねて、何とか日々を暮らさねばならない(4)。

わずか数十年に訪れた大規模な変化は、政治的腐敗、治安や衛生状態の悪化、家族観の変化などをもたらし、モラルの低下が叫ばれるようにもなった。こうした負の側面が集中した大都市は、悪徳の象徴とみなされた。かくして、地域共同体などでは自明視できていた確実性は失われ、様々な負の側面が噴出する産業化・都市化したアメリカ社会において、そこに生きる個人をどのように救済するかという問題が宗教界に突きつけられた。アメリカのプロテスタントは、この対応をめぐって二分されることになった(5)。

神学上の保守派は、こう考えた。社会が悪徳にまみれるのは、罪深い人びとが神の意志に背いてきたことにあるので、個々人が悔い改め、回心することこそが重要である、と。それゆえ、彼らは説教をして、人びとに罪深さの自覚を促そうと試みた。それに対して、神学上のリベラル派は、こう考えた。社会の道徳的退廃は、個々人の責任ではなく、社会の側に問題があるので、地域の拠点を作ったり、法制度を整えたり、経済制度を変えたりするような、社会改善の努力こそが重要である、と。彼らは、そうした具体的な社会改良によって、地上における「神の国」を実現する必要があると考えた。(6)

このような社会問題の解決をめぐる神学的な対立を深刻化させたのは、ヨーロッパから流入した近代的な「知」だった。一八五九年にダーウィンの『種の起源』が出版されると、彼の説いた「進化論」は聖書の創造説を真っ向から否定するものとみなされた。実際、神学上の保守派は、進化論を信仰への脅威とみなした。しかし、神学上のリベラルは、キリスト教と進化論の両立を説いたのである。こうして、近代的な知をめぐる対立は苛烈になっていくのだが、とはいえ、進化論はあくまでも「自然科学」という外からの脅威にすぎない。

一層深刻な危機は、キリスト教の内部から生じた。ドイツで盛んだった「高等批評」である。高等批評は、聖書を歴史的文書とみなし、その記述内容を吟味して、著者や作成時期を特定し、歴史的事実の側から聖書の記述を判定するような姿勢を持っていた。アメリカでも、リベラルな神学者たちは高等批評を受容した。しかし、神学上の保守派は、聖書解釈を悪しき方向に導くものとして、高等批評を痛烈に批判する。こうして、「近代」の知がキリスト教内部でもたらした衝撃は、アメリカのプロテスタントをかつてないほど分断してしまった。これは、近代化に対する態度決定を要求したため、リベラル派は「近代主義者」、保守派は「反近代主義者」と呼ばれることになる。

プロテスタントの近代主義は、キリスト教の信仰を近代文化に合わせることに積極的だった。信仰は、近代的規範と両立できるし、そうすべきだと考えていた。「学問の発展や進化する近代的な生活は、この世界における神の働きの現れだと確信していた。それは『進化論』の受容にもつながった」。例えば、プリマス会衆派の牧師ライマン・アボットは、キリスト教を固定化された実体と捉えず、可変的で進歩していくものであり、聖書も「間違いや偏狭性を含んでいるから『絶対的な神の言葉ではない』と主張した」。それゆえ、近代主義者は、聖書を近代以前の理解の仕方で書かれた書物とみなし、近代的な学問によって、神に由来する真理と、時代遅れの誤った話を分けて考える必要があると考えた。リベラルな近代主義者にとって、近代の学問は、そうした聖書解釈を支援するものだった(7)。

これに対して、今日でもキリスト教保守派に人気の高い、ベンジャミン・ウォーフィールドやチャールズ・ホッジといったプリンストン神学校の神学者たちは、聖書の無謬性を主張した。曰く、聖書はそれ自体で絶対的に正しく、誤りは一切存在しない。彼らにとって、聖書についてのリベラルな解釈は、人間側の勝手な操作であり、宗教的真理を毀損するものだった。彼らの発想は、こう要約できよう。

もし聖書が神の神聖で不変の言葉ではなく、近代的知識に基づいて人間が解釈したものになったら信仰の基盤が崩れることになる。また、もし自分の信じたい事柄だけを信じ残りを信じなかったら、キリスト教はもはや信仰ではなくなる……。

反近代主義者にとって、近代的文化とキリスト教の信仰は両立しえないものだった[8]。

そんな中、一九一〇年から一五年にかけて、*The Fundamentals: A Testimony to the Truth* という冊子が刊行された。近代主義からキリスト教を擁護するという考えから、イギリス人やアメリカ人など、六四人の保守的な神学者・説教師らが立場の違いを超えて執筆した論集である。この名前を受け継いで、一九二〇年、「聖書のファンダメンタルズ（根本的教え）のために忠実に戦うクリスチャンが『ファンダメンタリスト』と呼ばれ、超保守的なキリスト教を強力に宣揚する者の代名詞として、広く使われるようになった[9]」。

かくして、反近代主義は「原理主義」としてのまとまりを帯びる。今でこそ、原理主義という名前にはネガティブな印象が伴うが、二〇世紀前半のアメリカでは、こうした力強さを含意する名前として強い魅力を持っていた[10]。こうして成立した二つの立場は論争を重ね、「モンキー裁判」や「進化論裁判」の名でも知られる一九二五年のスコープス裁判で一挙に全米規模のイシューになる。

3 手のなかに収まらないものへ

アメリカのキリスト教原理主義には、進化論の全面否定、妊娠中絶への激烈な反対運動など、極端さが見える。しかし、原理主義は、様々な価値観が相対化される近代に対する応答である。彼らが奉じる価値観が必死に主張されているとき、混迷を極める不安定な状況で、何か信じられる確実性（certainty）を提示しようとしていることも、また確かなのだ。

少し視点を変えよう。スロヴェニアの哲学者、アレンカ・ジュパンチッチは、様々な価値観を相対化し、多元化する近代において、全ては選択の問題になってしまうことに注意を払う。相対化をもたらす近代が、唯一提出できた原理は、「自分の命を失うほど最悪のことはない」という中身に乏しい格率だけである。それは、人の心動かし、動員するだけの力を持たない。そのとき、原理主義による「伝統的価値観」への回帰宣言が、曰く言いがたい魅力を放ってはいないだろうか。

また、このことは、自分たちの大義のために死ぬほかは何も求めない「過激派」や「狂信者」が引き起こす、あの心奪う嫌悪（the fascinated horror）の大部分の説明にもなっている。[11]

私たちは、混迷を深める不安定な状況に生き、不安を抱えて、悩みながら選択を重ね、日々を生きている。生きていく上で安住することのできる絶対的な指針はないのだ。その不安定さにおしつぶされそうなとき、何かに突き動かされ、自分を奮い立たせる人に憧れを抱いてしまうところがある。大義に従って自殺的なテロ行為に及ぶ過激な原理主義者たちを、恐ろしいと思いながら、あの（the）と指さすことができるほど明確に、彼らを羨んでいるのではないか。ジュパンチッチは、二〇世紀の終わりに、そう記した。

ここで、二〇世紀前半、つまり、キリスト教原理主義が登場した時代に視線を戻したい。アメリカの哲学者ジョン・デューイは、同時代人としてキリスト教原理主義の出現を目撃しながら書いた論説の中で、既に類似の指摘をしている。彼の中心的発想は、次の通りである。

> 寄りかかることのできる堅固で揺らがないものを人間は熱望する。その熱望は、究極的であり抑えがたい。（中略）確実性は、苦しみのない避難所、弱ることのない支えを求める人間の特別な欲求の対象に、たまたま与えられた名前にすぎない。原理（fundamentals）は、絶えず変化する世界で不確実な人生を送っているとき、安心を求める人間の叫びに対する応答なのである。（MW15, 3）[12]

デューイが属する立場は、「プラグマティズム」と呼ばれる。その思想を採る人びとは、不安定な状況を安定的なものへと変える動きを「探求」の問題として共通して論じている。上の文章は、そうした視点から来たものである。

この場合、「原理」という名前から示唆される通り、確実性を求める人間の根源的な欲求に対する応答として、原理主義に一定の評価を与えている。彼自身は、リベラリストを自称し、(彼自身は教義的な信仰を持たないものの)リベラル派の神学者らと交流があったにもかかわらず、である。いや、むしろ、論考の中で、リベラル派に一定の批判を加えてすらいる。どうしてだろうか。その疑問を解く鍵は、「名前」にある。

二〇世紀前半、アメリカのプロテスタントの対立は、「近代主義」と「原理主義」のそれとして知られていた。しかし、よくよくその名前を眺めると、「近代」と「原理」が並べられていることに奇妙さを感じないだろうか。少なくとも、デューイは名前こそがこの対立を読み解く決定的な論点だと考えていた。


名前(names)について言うと、抜け目ないことに、原理主義者は、自称したその名称において、自分たちの敵を出し抜いたのである。彼らの敵対者〔たる近代主義者〕を、ファンダメンタルズの代わりにインシデンタルズを持っていると想定してみれば、原理主義者は論点をずらしてしまった〔ことがわかる〕。(MW15, 4)

原理主義は、人びとの生の不安に寄り添い、彼らの不安定な状況に手を差し伸べ、「原理」を与えた。

では、近代主義が、それに相当するものを提出していないのだろうか。もっと踏み込んで言えば、この対立は、拠り所となる確実性（＝ファンダメンタルズ）と、不安定さそのものである偶発性（＝インシデンタルズ）との衝突なのだろうか。そうではないだろう。近代主義もまた、激動の時代にあって、原理主義とは違う形で、人びとの生の不安に向き合っていた。つまるところ、原理主義の「原理」と、近代主義の「原理」が衝突しているのだ。そうした問題を隠蔽し、原理主義だけが確実性を提示できるかのように装った点に、この宗教論争の核心がある。これがデューイの議論の要点だった。

宗教原理主義だけでなく、様々なものに「原理」を見ていくデューイの試みは、孤立した営みではない。例えば、ウィリアム・ジェイムズは、あらゆる理論——宗教に限らない——が、生の不安に応答する側面を持つと考えた（ジェイムズもまた、「プラグマティズム」に属する思想家である）。

私たちの理論は全て、もっともな救済策や避難所ではないか。哲学が、宗教的たらんとするなら、表面的な現実の卑俗さからの避難所以外のものではありえなかろう。[13]

いわゆる「宗教」でなくとも、あらゆる思想は、あらゆる理論は、人間の生に付きまとう抜きがたい不安に向き合っている。理論というものは、多かれ少なかれ、人を安心させるシェルターのような役割をしているのではないか、というわけだ。

別の本でも、ジェイムズはこのモチーフを反復している。

ある……事柄が、たとえ論理的に合理化されなくとも、その質感が期待を確定させるものであれば、人は、それを穏やかに受け入れるだろう。もしそれが将来の曖昧さを少しでも残すなら、その限りで、苦悩まではいかなくとも、精神的な不安を引き起こすだろう。(14)

ここでは、不安定な状況を安定的なものへの変化（の失敗）が採り上げられている。人がある事柄に安定を感じ、安心を覚えるとすれば、それは単にその事柄から得られる感覚が期待を安定させるからであって、ロジカルにどうこうという話ではない。「……思うに、哲学的渇望の中の第一の要素（a prime factor）は、確定された期待を持つという欲求であると、完璧な確信をもって断言してよかろう」と彼が言うとき、論理や合理性で武装する哲学ですら、そうした感覚と無縁なわけではないと示そうとしたのだ。

しかし、注意する必要がある。確かに、デューイも、ジェイムズも、宗教現象を論じるとき、それが「避難所」として果たす役割に一定の評価を加えている。その一方で、世界は、私たちの秩序だった把握や、言葉による線引きをはみ出して蠢くものであり、人間の安住することのできる部分より、勘定に入れられないもので満ちているのだと彼らは繰り返し強調した。デューイやジェイムズは、生の不安に寄り添う議論を展開する一方で、人間の有限性に注目することを忘れなかったのだ。(15)

アメリカの哲学者、スタンリー・カヴェルは、同じテーマを印象的な言葉で論じている。最後に、それを見ておこう。彼は、哲学者・文学者のラルフ・ウォルドー・エマソンが見せた「手（hand）」へのこだわりに注目した。エマソンの用いる「整った（handsome）」という語には、人間の認識（＝手）の中に収められた、というニュアンスがあるからだ。カヴェルの読むエマソンは、手中に収めたそばから、世界が人間の認識をはみ出していくことを見抜いている。

「私たちが最も固く握りしめる（clutch）とき、どんな対象も私たちの指から滑り落ちてしまう。私は、この虚ろさと儚さを、私たちの条件の最も不格好な（unhandsome）部分とみなす」とエマソンは書いた。

アンハンサムという言葉を通して、人間が脱ぎ捨てられない「性向、潜在性、可能性（inclination, capability, and possibility）」という制約、つまり、人間の「思考の『偏り』」について語ろうとしている。先入見や関心など、人間は「様々な屈曲（inflections）」を備えているので、そもそもの構成からして、手の中に収められる世界は部分的なものでしかありえない[16]。

ここから導かれるのは、不安定から安定、不安から安心に向かうプロセスで、一定の冷静さが求められるということだ。デューイ、ジェイムズ、そしてカヴェルは、人が把握し、勘定に入れられることと同じくらい、重要なものとして、手のなかに収まらないものへと注意を促している。それは私たちが逃れることができない、所与の制約である。こうした有限性を無視してしまえば、自分の把握した限りのものが、そのまま世界の姿なのだと思い込みかねない。恐らく人が、原理主義のような極端に走ってしまうのは、有限性を忘れ、自分の思想を無批判に自明視してしまうからなのだろう。

本章では、原理主義という目立った宗教現象を入り口に、相対化する近代、生の根源的な不安、拠り所としての理論、人間に抜きがたく存在する有限性、手からはみ出すものなど、多くの話題に言及した。これらは、一見宗教と何の関係もないが、いずれも人間の生の根本的な問題に触れており、人間と世界との基本的な関係について掘り下げた一連のテーマである。とすれば、これらの主題には、「宗教的」と呼ぶほかない――ジェイムズがそう口にしたように――要素が含まれているのではないだろうか。これまで見てきた哲学者たちは、人間が捉えられるのは「全体ではない」[17]という有限性に向き合いながら、それでも、不安定性を論じているのである。

注

(1) ミシェル・ウェルベック、大塚桃訳『服従』(河出書房新社2015年)56頁――この小説(の原著)は、事件の当日に発売された。

(2) 新井克也『ディズニーランドの社会学』(青弓社2016年)148―149頁など。この資料を探す上で塚本顕成氏に協力を頂いた。

(3) 本節の記述は以下に拠っている。なお引用はすべて邦訳を参考にした拙訳である。Berger, P. &

（4）Zijderverd, A. C., *In Praise of Doubt: How to Have Convictions without Becoming a Fanatic*, (NY: HarperOne, 2010), pp.71-73＝ピーター・バーガー、アントン・ザイデルフェルト、森下伸也訳『懐疑を讃えて』（新曜社、二〇一二年）九四―九七頁。なお、原理主義の概説的な研究としては、ヴェルナー・フート、志村恵訳『原理主義――確かさへの逃避』（新教出版社、二〇〇二年）が参考になる

（5）こうした「社会」の中で、不安な生を送る個人が選択的結合しようとする互助の試みの中から、マシーン（政治家の集票組織）やマフィアのようなつながりが生まれた。

（6）堀内一史『アメリカと宗教』（中央公論新社、二〇一〇年）三六頁。アメリカのキリスト教徒は大半がプロテスタントである上に、原理主義を生んだのはプロテスタントなので、ここではプロテスタントに話題を絞っている。

この背景には、プレミレニアリズム（前千年王国主義）とポストミレニアリズム（後千年王国主義）という、「神の国」の実現に対する考え方の違いが存在している。キリストの再臨が、千年王国実現の「前」か「後」という違いである。前者は、いつ訪れるともしれない再臨に備えて悔い改め、信仰を深める必要性を説くのに対して、後者は、自らの手で理想的名社会を実現した後でなければ再臨は望めないとして、社会改良へと向かう。

（7）堀内『アメリカと宗教』、三八―四〇頁。

（8）堀内『アメリカと宗教』四一―四二頁。

（9）八木谷涼子『なんでもわかるキリスト教大事典』（朝日新聞出版二〇一二年）二〇〇頁。

（10）そのネガティブな印象を避けるため、今日、自称されることはなく、キリスト教原理主義にあたる

人びとは「福音派」を名乗っている。

（11） Alenka Zupančič, *Ethics of The Real: Kant, Lacan*, (London; NY: Verso, 2000), p.5. アレンカ・ジュパンチッチ、冨樫剛訳『リアルの倫理』（河出書房新社、二〇〇三年）二〇頁。生命尊重主義的な発想が極端化した世界を描いた小説、伊藤計劃『ハーモニー』（早川書房二〇一〇年）も参考になる。

（12） Boydston, J. A., ed., *The Middle Works of John Dewey*, vol. 15 1923-1924, (Carbondale: Southern Illinois Univ., 1983) 同論考からの引用は（MW15, 頁数）で示す。

（13） James, W., *Pragmatism*, (NY: Dover, 1995), pp.13-14 = 桝田啓三郎訳『プラグマティズム』（岩波書店、一九五七年）四二頁。ジェイムズ解釈については、岸本智典氏との会話に示唆をうけた。

（14） James, W., *Writings 1878-1899*, (NY: Library of America, 1992), pp.516-8 = 福鎌達夫訳『信ずる意志』（日本教文社、一九六一年）一〇七—一一〇頁。

（15） James, *The Varieties of Religious Experience*, (NY: Dover, 2012) pp.438-9; Dewey, *Experience and Nature*, (NY: Dover, 1958), pp.85-86

（16） Cavell, S., *Conditions Handsome and Unhandsome*, (Chicago: The Univ. of Chicago Press, 1990), pp.38-41 カヴェルはプラグマティズム（とりわけデューイ）批判の急先鋒だが、この観点では、プラグマティストと同じ側に立っている。この点については、曽我部和馬氏とのやりとりが参考になった。

（17） Ibid., p.41

おすすめ書籍

・中村圭志『信じない人のための「宗教」講義』、みすず書房、二〇〇七年

宗教と縁遠くなった多くの日本人にとって、宗教そのものが、奇異にも神秘にも映るだろう。本書は、そうした素朴な視点を捨てずに書かれた稀有な宗教学入門であり、講義調なのもあって一層読みやすい。同じ著者の新書『教養としての宗教入門』との併読を勧める。

・トーマス・ディクソン『科学と宗教』、中村圭志訳、丸善出版、二〇一三年

先の本の著者が訳したもの。それぞれ近代／前近代の申し子のようにも思え、相性の悪そうな「科学と宗教」。本書は、両者の厄介で複雑な関係性を、過度な単純化なしに見通しよく解説してくれている。近代主義者の反応からもわかる通り、すべての宗教者が科学に敵対心を持っているわけではないことに注意されたい。

・宇都宮輝夫『宗教の見方――人はなぜ信じるのか』、勁草書房、二〇一二年

宗教とはなにか、という素朴な問いに答えるのは、実はものすごく難しい。「宗教」をどのように理解するかということを通じて、本書の読者は、宗教の多面性を知ることができるだろう。ここから派生して、様々な関連文献を読むとよい。

・伊藤計劃『ハーモニー』、ハヤカワ文庫、二〇一四年

様々な価値を相対化する近代が唯一提出したとされる「生命尊重主義」。その息苦しさが魅力的に描かれたサスペンスフルなSF小説。漫画化・アニメ映画化がなされている。同じ筆者の『虐殺器官』や『メタルギアソリッド ガンズ・オブ・ザ・パトリオット』など、同様の世界設定を持つストーリーとともに読むことを勧める。生命尊重主義については、佐伯啓思『西欧近代を問い直す』『20世紀とは何だったのか』（PHP研究所）も参考になる。ただし、筆者が暗黙に前提しているのとは異なり、西欧は全く一枚岩的でないことに注意しつつ読んでほしい。

・伊藤邦武『プラグマティズム入門』、ちくま新書、二〇一六年

ジェイムズ、デューイなどが属する「プラグマティズム」を主題的に扱った入門書。本稿との関連が強いのは、序章と第一章。より込み入った情報が知りたい人には、仲正昌樹『プラグマティズム入門講義』を勧める。分厚いが、一般向けの教養講座を基にしており、非常にわかりやすい。さらに興味を持った人は、ジェイムズ『プラグマティズム』、デューイ『哲学の改造』など、岩波文庫の翻訳本に挑戦してほしい。さらに関心があれば、拙論「デューイ宗教論における『不安定な覚醒者』『人間存在論』（webで公開されている）を御覧頂きたい。

（その他）

・Wikipedia

Wikipedia の扱いには注意せよ、と学部生には、しばしばアナウンスされる（アカデミック・スキルズの授業や、レポートの諸注意などで）。字引きは、その言語を使う人たちの持つ単語理解の共通部分をとりだしたものと捉えられる。Wikipedia のように多言語ある媒体だと、「言語設定」を変えて見比べることで、同じ項目をそれぞれの言語共同体がどのように理解しているのかについて、差異と共通点を知ることができる。調査のとっかかりにはもってこいだと私は考えている。

・グーグルの画像検索

単語で検索すると、その言語を使う人たちが、その言葉にどういうイメージを持っているかを知ることができる。また、建築上の部位を表現する言葉など、文字で説明されてもわからないものを調べるのにも向いている。

第4章……幸福の背後を語れるか

青山　拓央

はじめに

他人の不幸なニュースを聞いたとき、心から気の毒に感じると同時に、その不幸が自分に降りかからなくてよかったと感じてしまうのは、よくあることだ。こうした心理的反応に罪悪感をもつ人もいるはずだが、意識的にこの反応を止めるのはきわめて難しい。というのもわれわれは、ただ目の前の事実を見ただけで、そこに多数の反事実的な可能性——その事実の代わりに実現しえた他の可能性——を瞬時に重ね見てしまうからだ。

自分とあまり歳の変わらない他者が重い病気にかかっているのを見れば、とくに邪悪でない人でも、こんな連想をしてしまう。「あの病気にかかっていたのは、私でもありえた。あの他人にとっての発病の可能性は、私にとっての可能性でもありえた」。とりわけ、年齢だけでなく、人種・性別・生活環境等にも共通点が多いなら、こうした連想はより活発になる。そして、その病気にかかっていない自分が幸福であることに気づかされるわけだ。

いま例に挙げたのは病気だが、不幸の源泉となるものなら——事故、災害、その他——何にでもこの話は当てはまる。また、幸福と不幸が反転することで、次のような事態も説明されるだろう。年齢などが自分に近い他者が恵まれた生活をしているのを見ると、その他者の現状が自分にとっても可能な状況と思われ、自分の不幸に気づかされる、といった事態も（私は別著でこの事態と嫉妬の関係性を論じた）[1]。

幸福についての現代哲学での議論は、快楽説／欲求充足説／客観的リスト説の三分類のもとで展開されることが多い。これらの分類の意味については後で説明を行なうが、それに先んじて述べておくと、この三分類には補論が必要だ。目の前の事実を、まさに先述のような仕方で反事実的可能性と対照することが、われわれの幸福と不幸にとっていかに本質的かという補論が。

私は本章で多くの先哲の知恵を借りるが、しかし、特定の哲学者による幸福論を長々と解説はしない。むしろ、表面的には幸福論と無縁に見える議論にも目を向けて、それを自由に掘り下げることで私自身の幸福論を提示したい。たとえば私は、ルートウィヒ・ウィトゲンシュタインの『論考』という著書からある断絶を読み取り――命題の可能性を得ることと可能性の命題を得ることの断絶――言語論的なその断絶を幸福の分析に繋げる。そして、反事実的可能性の語りえなさという観点から、『論考』最終部に現れる謎めいた倫理的叙述を読解する。それは文献解釈としては牽強付会かもしれないが、哲学的に重要であることは侵しがたく決定的であると思う。

1 幸福をめぐる三説

「幸福とは何か」という議論に対しては、『幸福』の意味は人それぞれなのだから、そんなことを論じても仕方がない」といった、ありがちな批判がある。この批判には、次のように答えよう。「幸福」の意味が人それぞれだとしても、てんでバラバラということはなく、そこには一定のパターンが見られると。これはちょうど、顔の造りが人それぞれだとしても目鼻の数やその位置関係は大差なく、そのうえで顔立ちの良し悪しも何通りかに分類できるのと似ている。「そんなことを論じても仕方がない」と言えるほどには、各人の「幸福」は食い違っていない。

それでは、快楽説／欲求充足説／客観的リスト説という、幸福についての代表的な諸説を順に確認していこう。これらの諸説は哲学史における古くからの議論と関わりをもつが、この三分類を明示し

て現代的な議論への道を付けたのは哲学者のデレク・パーフィットである。(2)

快楽説（hedonism）では、その名の通り、快楽こそが幸福を形成するとされる。身体的な快楽だけでなく精神的な快楽を含めて、快楽の多い人生こそがより幸福な人生だというわけだ。快楽は主観的に感じられるものであり、また、快楽の内容への客観的評価は快楽説に求められていないので、他人から見てどんなにひどい（馬鹿げた・下品な・邪悪な……）快楽であっても、快楽があるならば幸福だと言ってよい。

他方、欲求充足説（desire satisfaction theory）においては、欲求した事態が実現することが幸福であるとされる。このとき、その実現に対して充足感を得ている必要はない（充足感も快楽の一種と見なすなら、それを必要とする説は快楽説を含意してしまう）。また、いま述べた「実現」はまさに現実のものでなければならず、もし、欲求した事態が実現したと錯覚しているだけでは——充足感は得られるかもしれないが——欲求充足説のもとでは幸福とは言えない。(3)

最後に客観的リスト説（objective list theory）であるが、同説では、幸福な人生において得られるべき項目の客観的なリストが措定されている。たとえば、「健康」「愛情」「名誉」などの項目が、そのリストには入りうる。どの項目をリストに入れるべきかはもちろん議論の余地があるが、同説において肝心なのは、客観的な価値への言及である。つまり、リストの項目として何を認めるにせよ、それがリストに入れられたのはそれ自体の客観的な価値ゆえ、ということになる。

以前に別著で述べたことだが、[4] これら三説のうちどの一つが正しいか、という論争に私は立ち入らない。ある一つの状況を幸福と見なすべきか否かについて三説の見解が食い違うことはあるが、そこで念頭に置かれている状況はあまり日常的とは言えず、むしろ日常的な事例において三説がしばしば両立する点を――私はそれを「共振」と呼んだ――より重視すべきだと考えるからだ。三説のうちのただ一つだけが本当の幸福を表している、と考える必要はなく、また、そのような考えは「幸福」という語の使用実践にも合わない。

いまは、そうした三者択一ではなく、この三説に共通する次の特徴に注目しよう。快楽は、それが存在しているとき、まさに現実に存在している。欲求された事態の実現や、客観的価値をもつ項目の獲得も、やはり現実に存在する何かによって規定されている。だから、現実に成り立っていることだけを考慮し、現実には成り立っていない反事実的可能性を考慮しなくても、快楽説／欲求充足説／客観的リスト説はどれも機能しうる。それゆえ、仮に、「世界に何が起こるかはすべて決定されており、それ以外の諸可能性は存在しない」と考える人物が居ても、その人物はこの三説のいずれも採用できるだろう。

このことは、三説が反事実的可能性への思考と相容れないということではない。たとえば、自分が重病であるような反事実的可能性を思考し、それが反事実的である（事実でない）ことに快楽を感じたなら、快楽説においては幸福と言える。だが、あの三説の分類のもとでは――少なくとも明示的には――反事実的可能性の思考に積極的な役割が与えられておらず、その結果、三説をめぐる論争の多くで反事実的可能性の働きは見過ごされている（次節で確認するように、その働きはきわめて重要なのだが）。これは三説の分類の欠陥とまでは言えないが、その分類が流行りすぎたことの弊害であろう。自戒を込めて書いておくと、流行している分類法（論争図式）を天下り式に採用したならば、そのことによって隠されてしまう問題というものがあるわけだ。

2 「私」の反事実的可能性

本章の〈はじめに〉を読まれた方は、そこで挙げられた反事実的可能性の思考例について、こんなふうに考えるかもしれない。重病である他者を見て自分が重病でないことの幸福に気づいたり、恵まれた他者を見て自分が恵まれていないことの不幸に気づいたりするといった思考は、幸福の理解において主要なものと言えず、それゆえ、そこで反事実的可能性が考慮されていることも幸福の理解にとって非本質的ではないか――。

たしかに、〈はじめに〉での例だけを見るなら、そのように思われても仕方がない。しかし、そこでの例において自分と他者が比較されていたのは、あくまでも自分と自分の反事実的可能性とを比較するためである。他者が不幸だと嬉しいとか他者が幸福だと悔しいといった浅薄な話ではなく、現実の自分を現実でありえた自分と比較することによって理解される幸福こそが問題なのだ。よって、この意味での幸福の理解において——少なくとも原理的には——他者への思考は必要不可欠ではない。他者を媒介としなくとも、自分の反事実的可能性について何らかのかたちで知ることができれば、そのような幸福の理解はなされうる。

〈はじめに〉での例に他者が出てくるのは、自分にどのような反事実的可能性があるかを、他者の状況が教えてくれるためだ。年齢だけでなく人種・性別・生活環境等でも自分と共通点の多い他者の状況は、同様の状況が自分にも生じえたことを推察させる。もちろん、この推察はつねに正しいとは限らないが、そのことは差しあたり問題ではない。というのも、自分はどのような自分でありえたと思うかがまずは鍵を握るのであり、その思いが事実に合致しているかどうかは二次的な問題だからだ(たとえば実力のない歌手でも、自分の実力が認められないこの現実は不幸だ、と思える)。

ではここで、客観的リスト説におけるリストの項目の候補を見てみよう。よく言及されるのは「健康」「愛情」「名誉」などであり、それらは客観的な価値をもつとされる。[5] たしかに「健康」のような項目は客観的価値をもつように見えるが、しかし、本節での議論をふまえて次の点を考えてみるべきだろう。私が幸福か否かの基準を与える客観的リストに「私が健康である」ことを含めたとして、それは具体的にどのようなことなのか。当然ながら、それは私にとって可能な事柄でなければならない。

ある少年漫画の主人公――どんな重傷でも食べて寝れば回復する――ほど「健康」でないことは、私の不幸とは見なしがたい。では、私がプロレスラーのように頑強でないことや、少年時代に比べて身体にガタがきていることは、不幸なのだろうか。それとも私は現在の自分を、体質相応に、歳相応に、つまり現在の自分相応に健康であると見なし、それゆえ幸福だと考えてよいのか。

　こうして、「健康」という漠然とした表現に潜む、反事実的可能性の思考が浮かび上がる。現在の私にとって何が「健康」であるかは、現在の私に近しいと思われる反事実的可能性への思考に依存する。万人に共通する「健康」はなく、万人に共通する「健康」の客観的価値というものもない。もちろん、年齢・性別・その他に応じた平均的な（相応の）健康状態というものはあるが、やはりここでも重要なのは自分の反事実的可能性である。他者のあり方は、自分がどのような状態でありえたかを知るための参考資料にすぎない。

　「愛情」「名誉」などについても、同様の問題が提起できることは明らかだ。どの程度のものが自分に相応なのか――自分の反事実的可能性としてこの現実に近しいのか――について考慮することなく、万人に共通の「愛情」「名誉」などを幸福の要素として挙げることは難しい。幾人かの論者が指摘するように、[6] 幸福の要素ではなく不幸の要素についてなら万人にそれなりに共通するものを挙げることは可能かもしれないが、それらの要素（不幸の要素）をもたないことは、幸福であるための必要条件とは言えても十分条件とは言えない。

さて、快楽説／欲求充足説／客観的リスト説のいずれについても、そこで挙げられる幸福の要素は「道具的でない良さ（non-instrumentally good）」をもつとされることが多い。[7] つまり、他の何らかの良さを実現させるための「道具的な良さ」ではなく、それ自体としての良さをもっているというわけだ。ここで言われている「良さ」は道徳的な良さに限定されておらず、たとえば、お酒に酔って快楽を得ることは、道徳的に良いわけではないが、「道具的でない良さ」をもちうる。

幸福とは何かを考えるうえで「道具的でない良さ」が注目されるのには、たしかな理由があると言える。われわれは人生のなかでさまざまな事柄の実現を願うが、そうした事柄はしばしば他の目的のための手段（道具）になっている。たとえば、「大金がほしい」のは「立派な家を買う」ためであり、「立派な家を買う」のは「家族と快適に過ごすため」である……といったように。このとき、もし、「家族と快適に過ごす」ことがそれ自体としての「道具的でない良さ」をもっているのなら、目的と手段（道具）の連鎖はそこで終着し、そしてこの終着点としての目的は、かなりの説得性をもって、幸福の要素と見なすことができる。

クリストファー・ウッダートは、「道具的でない良さ」をもったものを幸福の要素として挙げることに同意しつつも、多くの人々がその実例として抽象的なもの――たとえば「健康」や「愛情」のような――ばかりを挙げる点を批判した。[8]「道具的な良さ」をもったものについては、「ブロッコリー」や「特定の知人との友情」のように各人各様の趣向に応じた具体的なものも挙げられるのに対し、

「道具的でない良さ」をもった幸福の要素に関してはそうではない、というわけだ。彼はその理由に関し、幸福についての枚挙的質問（enumerative question）——何が幸福の要素であるか——と幸福についての説明的質問（explanatory question）——なぜそれは幸福の要素とされるのか——が混同されているためだと論じたが、これはそれ自体として興味深い。

枚挙的質問と説明的質問の混同については他著で検討したことがあるので[9]、いまは別の角度から次の分析を加えたい。「道具的でない良さ」をもった幸福の要素として抽象的なものばかりが挙げられるのは——少なくともその理由の一つは——何をその候補として挙げればよいのかが反事実的可能性への考慮なしにはしばしば分からないからである。たとえば現在の私に関し、いかなる身体状態を「健康」の具体例として候補に挙げるべきかは、現在の私がいかなる私でありうるかに大きく依存する。「健康」のような抽象的なかたちで候補を挙げておくことは、反事実的可能性への思考を各人に委ねることを意味し、同時に、各人各様の具体的状態を「健康」と総称することを可能にする。

3　私的倫理と自由意志

反事実的可能性への思考が幸福の理解にとって本質的であることには、ほかにも重要な理由がある。

それは自由意志の承認だ。ここでは「自由意志」という語で、未来の複数の諸可能性のなかから自ら一つを実現する作用を指すが、この意味での「自由意志」は決定論と両立することができない。なぜなら、決定論の世界では未来は一通りに定まっているからだ。(語の多義性による混乱を避けるため、決定論と両立的な自由——意志したことを妨害なく実現するというホッブズ的な自由——を本章では「自由意志」と呼ばないことにする。)

私がだれかを殴ってしまい、その相手がいま怪我をして目の前に倒れている、という状況を考えよう。この状況は、実現することが可能であった複数の諸状況の一つである。私はその相手を殴らないこともできたし、怪我をしない程度に軽く殴ることもできた。いや、ひょっとしたら決定論は正しく、世界の歴史は一通りに——とりわけ因果的に——定まっているのかもしれないが、そのことをわれわれが知らないなら、この状況は可能な諸状況の一つと見なされる(そして事実われわれは、決定論が正しいという知識をもっていない)。

いま私の目の前には私が怪我をさせた相手が倒れているが、この不幸な状況は不運のみによってもたらされたのではない。この状況は、おみくじを十枚引いてすべて凶であったような仕方で実現したのではなく、私の自由意志によって実現した——あるいはそう信じられている——と言える。つまり、この状況を作ったのは、ほかならぬ自分だと見なされているわけだ。この例では私の自由意志によって諸可能性の一つが実現しているが、もちろん、他者の自由意志が働く場合を考えてもよく、また、不幸ではなく幸福な状況が実現する場合を考えてもよい。

われわれは現実の状況を、偶然的に生じたものや必然的に生じたものと見なすだけでなく、自由意志によって生じたものとも見なす。そしてそのことが、二つの異なった意味での倫理に決定的な影響を与える。「公的倫理」と「私的倫理」と呼びうるそれぞれに関して、である。

「公的倫理」と呼び表したものについては、一般的な意味での倫理を考えればよい。ある状況を諸可能性のなかから実現させたのはだれか——、これは公的倫理における最重要の関心事であり、懲罰や報奨を与える際、すなわちだれかの責任を問う際、多大な意味をもつ。そこで責任を問われる人物は、他のこともできたのにそれをしたと見なされる。後述の通り、自由と決定論の両立論者は「決定論的世界でも責任を問える」と論じるが、しかし、今日の社会実践（たとえば裁判）において反事実的可能性の思考がきわめて大切であることは間違いない。

他方、「私的倫理」と呼び表したものは、社会をその場所としない。正確に言えば、社会をその場所とする場合でも、それは私の内部の社会でしかない。私的倫理の場所となるのは「私の生《せい》」だが、その表意を汲んで言うなら、私の生の「現実」全体がその場所となる。つまり、私の生という現実が、私の自由意志のもとで開かれていること——何よりもそう信じられていること——ここに私的倫理の余地がある。

公的倫理においては皆がどう生きるかが重要であるが、私的倫理においては私がどう生きるかが重要である。私が私の現実の生を諸可能性のなかから自ら選び取ったものと見なし、そのことに意味を与えるとき、その意味づけは公的倫理における社会的な意味づけに縛られない。この生の担い手が私であることは、公共的な善悪とは独立の、この生への肯定や否定を促す。言い換えるなら、私のこの生は諸可能性のなかからたまたま現実化したのではなく、私が現実化させたのだ、という思いを肯定できるとき、私は幸福であり、そうでないなら――たとえ公的に恵まれていても――私は不幸である。

私的倫理の問題とは、私がこの特殊な幸福をいかにして得るかという問題である。

私的倫理はあまりにも重要であるので、かえって、それ自体としては対象化されづらい（生と一体化しすぎていて、どう対象化してよいか分からない）。そして、私的倫理ではなく私的利益が――つまり利己性が――代わりに対象化されてしまう。公共的善悪と独立に自分のこの生を肯定できるようにするとは、つまり、この生に利益を誘導することであろう、という仕方で。この理解は間違っているのだが、人間の日常的生態からいって、たんなる間違いとは言い切れない。というのも、私的利益に恵まれた生に比べ、私的利益に恵まれない生は、自分が現実化させたものとして肯定しがたい、という実践的傾向もあるからだ。

その意味で、私的倫理は実践的には、私的利益への考慮を含む。だが、それでもなお私的倫理は、私的利益と切り離しうる。私的利益に恵まれない不幸と私的倫理における不幸を同一視するのは、死に至る衰弱や苦痛の不幸を存在消失の不幸と同一視するのに似ている。衰弱や苦痛は死につきものだが、衰弱や苦痛を伴わない死は可能なのであり、そのとき、存在消失の不幸はそれ自体として残されたままである。

さて、公的倫理における責任に関し、決定論と両立的な観点から――本節での意味における「自由意志」に訴えない観点から――責任帰属を試みる議論があるが、その試みはそれなりに成功している。公的倫理の営みのすべてを自由意志なしで済ますことは困難だが、その営みのある程度の部分は決定論と両立できる。その基本的な戦略は、ホッブズ的な「両立論的自由」（意図したことを妨げられずにする自由）をもとに責任帰属を理解していくものになるだろう。この戦略の長短については別著で論じたので割愛するが[10]、それが十分に検討に値する戦略であることは間違いない。

対して、私的倫理において、自由意志の承認は必須である。私のこの現実の生が、諸可能性のなかから私が選んだものであること（少なくともそう信じること）。そして、そのことを通じてこの現実が私の生として意味づけられること。私的倫理はこれらを基盤とし、この現実への、公共的な善悪にとらわれない肯定や否定を促す。それゆえ、たとえ私の行為の倫理を問う場合でも、「両立論的自由」によって説明しうる倫理に関しては、公的倫理の領域に収まっていると考えてよい。つまり、私的倫理と公的倫理との境界は、当該の行為者が私か否かのみによって引かれるのではない。

4 『論考』と言語

ルートウィヒ・ウィトゲンシュタインは、生前に刊行した唯一の哲学書である『論理哲学論考』にて魅力的な言語論を提示した。[11] その射程はたいへん長く、網羅的な解説はいまは不可能だが、[12] 本章の目的に必要な範囲でその言語論を概観しよう。なお、慣例に従い本章では、同著を『論考』と略記する。

人間は言語を使うことができ、真なる命題で事実を表せる（本章で言う「命題」とは、真もしくは偽である文を意味する）。そして人間は、それだけでなく、偽なる命題によって事実でない事柄も表せる。これは驚くべき能力だが、『論考』では、人間がいかにしてこの能力を獲得したかは論じられていない。むしろ『論考』では、人間が（とりわけ「私」が）この能力をもっているという原初的な現実を出発点として、それが可能であるために言語と世界とが満たすべき条件が論じられている。

世界は事実が集まってできており、対象が集まってできているのではない、という宣言から『論考』は始まるが、そこで言われる「事実」とは真なる命題によって写像される（表される）ものである。そして、真なる命題がその論理的な形式にそって各々の語に（名に）分解されるのに対応して、事実は各々の対象に分解される。たとえば、「机の下に猫がいる」という命題が「机」や「猫」といった語に分解され、それに応じるかたちにて、机の下に猫がいるという事実から机や猫といった対象が切り出されてくるわけだ。

このような分解作業を経て、人間は可能性の世界に参入する。すなわち、分解された語を組み合わせ、必要に応じて論理的な操作（否定・連言等の）も為すことで、事実以外の可能的な事態を写像する道が開かれる。たとえば、「坂本龍馬は女性である」とか「坂本龍馬は男性ではない」といった命題によって。言語のこうした像としての役割を、野矢茂樹は「箱庭」に喩えている。「現物ではなく、現物の代替物を配置させ」た、世界の「箱庭」たる像において、反事実的な可能性が試される。[13]

現物の代替物ではなく現物そのものを動かしはしないのは、もちろん、そんなことをすればそれが現実になってしまうからだ。「配置替えの可能性を模索するのに現物の机と現物の本棚を現実に移動してみたのではバカである」[14]。ところで野矢はこの解説のすぐ後で、「像はひとつの事実である」[15]との『論考』の一節を論じている。[16]『論考』における像としての言語とは、空気の振動（声）やインクの染み（文字）といった現象であり、それ自体が、世界のなかに存在するものである。ちょうど、箱庭のパーツもまた、それ自体で存在するものであるように。このことについては、少し後で触れよう。

さて、ここまで述べてきた意味で『論考』は「可能性」を論じた本と言えるが——諸命題の可能性とそれに対応した諸事態の可能性に関して——しかし、可能性そのものは「語りえないもの」の領域に含まれている。[17]『論考』における「語りえないもの」とは、言語で写像できないものであり、言語が諸事態を写像する仕組みはまさにその一部である。言語が世界を語る（写像する）ためには、その仕組みとしての「論理形式」を、言語と世界が共有しなくてはならない。語の配列の可能性が、対象の配列の可能性と同形式をもたねばならないわけだ。ただし、その形式は、言語の実際の使用のうちに示されるだけであり、その形式を言語によって写像し直すことはできない（『論考』では「語る」との対比で「示す」との表現が使われている）。この点については、本節の短い解説では不満な方も多いはずなので、他の文献における解説にもぜひ目を通して頂きたい。

ふたたび、可能性そのものの語りえなさに目を向けよう。『論考』草稿からの次の引用にある通り、pという事態が成立しうることを「pは可能である」という文によって語ることはできない。それは、「p∨～p」（pであるかpでないかのどちらかである）という論理式によって示されるだけである。

「pは可能である」と語る時に言われているのは「〝p〟は意義を持つ」とのことであろうか。前の命題は言語について話しており従ってその命題の意義にとっては命題記号（〝p〟）の存在が本質的である、というのか。（そうであればこの命題は全く重要でなくなるであろう。）ところで当の命題はむしろ、〝p∨～p〟が示すことを語ろうとしているのではないのか。(18)

そして、いま例に挙げた「p」が要素命題（論理操作を含まない基礎的な命題）であるなら、pが可能であり～pも可能であることは——「p∨～p」という論理式を持ち出すまでもなく——ただ「p」

が事態を写像することにおいて、すでに示されているはずである。いかなる要素命題もそれが真である場合と偽である場合とがありえ、そのようにして諸可能性の空間は開かれるからだ。(ついでに言えば、ここでの事情は『論考』のもとで存在命題が無意味となる事情に似ている。[19])

以上をふまえて本節では、次のように論じたい。命題の可能性を得ることと可能性の命題を得ることは異なり、『論考』は両者を断絶させると。『論考』における言語の使用者たる「私」は、事実を命題によって写像し、語の分解・再構成や論理的な操作をもって、反事実的な可能的事態を写像する。この意味で私は、多様な「命題の可能性」を得ている。だが、そのことは、それらの諸命題を可能性についてのものとして――つまり「可能性の命題」として――私が使用できることを含意しない。

たとえば私は、「机の上に鍵がある」という真なる命題から「机の上に鍵がない」という命題を得られるが、「机の上に鍵がないことが可能だ」という命題を得られるわけではない。「机の上に鍵がない」という命題は現時点において偽なる命題にすぎず、それが反事実的な可能性の像であることは、『論考』の言語では語りえない(そのことは、「机の上に鍵がある」が真であることのうちに、ただ示されるだけである)。

現実の世界を前にして、それがどのようでありえたかを『論考』の言語は語りえない。これは『論考』の欠陥とは言えず、むしろ、世界と言語とのありのままの関係を捉えているとも言える。というのも、現実に生じていない事態は、文字通り現実にはないのであり、そして、われわれのすべての資源は現実のなかにあるはずだから。机の上に鍵があるとき、その鍵がそこになかったことの可能性は現実の何によっても保証されておらず、ただ、私はなぜか——語りえない「論理形式」のもとで——「机の上に鍵がない」を偽なる命題として使用できるだけである。

しかも、ここには先述した、像の事実性の問題もある。『論考』で明記されているように「像はひとつの事実である」から、ある命題を私が「使用できる」というのは誤解を生みやすい表現である。真なる命題にせよ偽なる命題にせよ、その命題は像であり、すなわちそれ自体が事実（現実）の一部である。使用することができたが使用しなかった像などというものはありえず、そもそも、それは像ではない。「机の上に鍵がない」という反事実的可能性の像について言えば、私はその像を偽なるものとして使用するか、あるいはそんな像は存在しないかのどちらかであり、前段落の末部における「できる」は、この意味では不的確な表現である（とはいえ、『論考』の言語によってそれを的確に語り直すことはできない）。

5 『論考』と倫理

『論考』における「語りえないもの」は、言語の働きに関するものと倫理に関するものに大別される。そして、『論考』の終わり頃（六・四節以降）にて突如提示される後者が、ウィトゲンシュタインの叙述の簡素さも相まって、多くの解釈者を悩ませてきた。[20] とりわけ、後者が前者とどんな関係をもつのか——あるいはもたないのか——はまったく漠然としており、後者をウィトゲンシュタイン特有の宗教観と結びつけようとする解釈者のなかには、後者を前者から独立に読み解こうとする者もいる。[21]

『論考』成立の外在的な事柄、たとえば、戦場にて死に直面しながらその草稿を書き溜めた点や、日記での私的な叙述を見るなら、『論考』における倫理の語りえなさに宗教性を読み取らないことは難しい。その語りえなさを、もっぱら宗教的観点から論じる解釈者がいるのも肯ける。だが一方で、できる限り内在的に『論考』を読み、倫理の語りえなさを言語の働きの語りえなさと架橋したいと考える解釈者の存在も無視できない。私自身も本節にてこの架橋を試みるつもりだが、それはたんに『論考』の整合的解釈のためではなく、その架橋が生《せい》にとって有意味だと考えるからである。

まずは『論考』の該当箇所から、三つの節を見ておこう。引用がやや長くなるが、その内容からいって省略をせず、節全体を抜き出すことにする（強調原文。引用文はすべて岩波文庫版の野矢訳による）。

六・四一　世界の意義は世界の外になければならない。世界の中ではすべてはあるようにあり、すべては起こるように起こる。世界の中には価値は存在しない。——かりにあったとしても、それはいささかも価値の名に値するものではない。

価値の名に値する価値があるとすれば、それは、生起するものたち、かくあるものたちすべての外になければならない。生起するものも、かくあるものも、すべては偶然だからである。それを偶然ではないものとするのは、世界の中にある何ごとかではありえない。世界の中にあるとすれば、再び偶然となるであろうから。

それは世界の外になければならない。

六・四二三　倫理的なものの担い手たる意志について語ることはできない。

他方、現象としての意志はただ心理学の興味を引くにすぎない。

六・四三　善き意志、あるいは悪しき意志が世界を変化させるとき、変えうるのはただ世界の限界であり、事実ではない。すなわち、善き意志も悪しき意志も、言語で表現しうるものを変化させることはできない。

ひとことで言えば、そうした意志によって世界は全体として別の世界へと変化するのでなければならない。いわば、世界全体が弱まったり強まったりするのでなければならない。

幸福な世界は不幸な世界とは別ものである。

いかなる事実pについても、～pではなくpが成り立っているのは偶然であり、「それを偶然ではないもの」にする何ごとかは世界内にはない。そして、倫理の担い手たる、語りえない「意志」についても、それは事実を変えられず、ただ「世界の限界」を変えうるのみである。

いま見た「世界の限界」との表現が独我論的含意をもつことに、解釈者の多くが注目した。とりわけ、二つの語りえなさの架橋を模索する解釈者が。[22]『論考』における言語論は独我論によって支えられており――本章では詳述できないが――そのことを記した五・六番台の節でも「世界の限界」との表現はこんなふうに使用されている。「世界が私の世界であることは、この言語（私が理解する唯一の言語）の限界が私の世界の限界を意味することに示されている」。[23]「主体は世界に属さない。それは世界の限界である」。[24]以上をひと繋がりにして読むなら、独我論的な主体こそが、二つの語りえなさを架橋するものに見える。

しかし、独我論による架橋が何となくの説得力をもっているとしても、愚直に『論考』の文面を読む限り、よく分からない点は残る。世界内の事実をいっさい変えず、世界の限界を変えることによって世界の全体が変わるというとき、それは何が変わることなのか。『論考』における言語にとってそれは明らかに語りえないことだが、ナンセンスになることを恐れないなら、それは次のことかもしれない。世界内の事実はすべてそのままに、だれが「私」であるかだけが変わること――。あるいは、言語の限界と世界の限界との関係を見るなら、それは次のことかもしれない。世界内の事実はすべてそのままに、「私の言語」の在り方だけが変わること――。

だが、だれが「私」であるかだけが変わるような仕方で可能になるものが、『論考』にとっての倫理なのだろうか。だとすれば、「私」が現実にだれかである以上、すでにこの世界は「幸福な世界」や「不幸な世界」などとして固定されており、「意志」の出る幕はないのではないか。ウィトゲンシュタインの倫理的苦悩は、彼が現実にウィトゲンシュタインであったことに、たしかに起因しているだろう。しかし、彼が倫理の担い手に「意志」という呼称を与えたとき、彼には別の思いがあったに違いない（そうでないならば、幸不幸は、「私」が現実にだれであるかという特殊な運不運の問題になりかねない）。

世界内の事実はそのままに「私の言語」だけが変わること。こちらについてまず考えるべきは、そのようなことが可能かどうかである。「私の言語」が変化したなら、その言語によって写像されるべき世界内の事実もまた変化するのではないか。つまり、「私の言語」の変化は、どれほど些細な変化であれ、事実の変化を伴うのではないか。

「事実」と「事態」との区別を改めて明確にしておこう。諸命題によって写像されるのが諸事態であり、そうした諸事態のうち真なる諸命題によって写像されるのが諸事実である（そして諸事態の残りのものは偽なる諸命題によって写像される）。それゆえ、もし「私の言語」の変化が真なる諸命題についての変化を伴わず、偽なる諸命題についての変化のみを伴うものであったなら、「私の言語」が変化しても事実の総体（世界）は変化しない。その際には、何が事実であるかは変わらず、何が事実でないかだけが変わる。前節の議論をふまえるなら、反事実的な可能性として示されるものだけが変わるわけだ。

「机の上に鍵がある」「手紙の下に鍵がある」等の真なる諸命題をもとに「手紙の上に鍵がある」のような偽なる命題を構成するとき、このような構成を可能にする——語の有意味な配列を定める——論理形式は語りえない。これはつまり、言語によって示される反事実的可能性の領域がいかに定まるかは語れない、ということだ。ならば「私の言語」の変化が、事実の総体をいっさい変えずに、偽なる命題の構成に関わる論理形式のみを変えることは可能だろう。「机の上に鍵がある」「手紙の下に鍵がある」等の真なる諸命題を維持しつつ、「手紙の上に鍵がある」をナンセンスとするような仕方で。

だが、このような変化については、事実の総体は真に維持されてはいないという反論があるに違いない。事実の総体は、いわば文字面において変化していないものの、実質的には変化しているのだ、といった。さきほどの例文を使うなら、「手紙の上に鍵がある」が偽である言語と、それがナンセンスである言語とでは、それぞれの言語のもとで「手紙の下に鍵がある」が真であったとしても、同一の事実が成り立っているとは限らない。それは文字面の一致かもしれず、「手紙」や「下」の意味するものは両言語で異なっているかもしれない（たとえば、「手紙の上」という語配列が無意味化する言語があったとして、その言語における「手紙の下」は私の理解するそれと同義か疑わしい）。

「私の言語」が偽なる命題の構成に関わる論理形式のみを変えることは可能か。「私の言語」の変化という視点がすでにして『論考』から逸脱的であり、そのため、この問いに『論考』内部から答えることは難しい。しかし、『論考』から少し身を引いて、いま記したことが可能だとすれば、そのことにおいて解消される生の問題はたしかにある。諸事実はいっさいそのままで、ただ、背後にある諸可能性が変化することで解消される問題が。本章の前半はまさに、何がそうした問題の候補になるかを見ていくものだった。

残された紙幅にて、「意志」について述べておこう。世界の限界を変えることで幸福な生を可能にするものは、『論考』において「意志」と呼ばれた。とはいえ、それは世界内の事実として現れるような何らかの心理現象ではない。ここで私は、二種類の語りえなさを架橋しつつ、前段落での問い（「私の言語」が偽なる命題の構成に関わる論理形式のみを変えることは可能か）に中立的なかたちで、次の解釈を与えたい。『論考』における「意志」とは、先述した私的論理の中核に在るものであり、すなわち、言語によって示された反事実的な諸可能性を前に、この現実の生を私が選んだものとして肯定させる力である。もちろん、そのような力など世界のなかには存在しない。にもかかわらず、そのような力が存在しないなら、世界に幸福はありえない。

以上の『論考』解釈がウィトゲンシュタインの真意を擦《かす》っているなら、そこにはやはり宗教的な精神性があっただろう。結局のところ、すべては起こるままに起き、自由意志は存在しないのだから[25]。しかし、上記の解釈は、『論考』での論理を未分析のまま天上に預けるものではなく、かなりの程度まで内在的にそれを分析した末のものである。つまり、ウィトゲンシュタインが、世界全体を価値づけるものをなぜ「意志」と呼びたかったのか、そのことについての一つの回答を上記の解釈は与えている。そして冒頭に記したように、本章後半での『論考』解釈がたとえ牽強付会であっても、反事実的可能性、私的倫理、そして「意志」についての本章の論点は、それ自体としての重要性をもつだろう。

注

(1) 青山拓央『幸福はなぜ哲学の問題になるのか』、太田出版、二〇一六年、七一頁。

(2) デレク・パーフィット『理由と人格――非人格性の倫理へ』、森村進訳、勁草書房、一九九八年。(原著:Parfit, D. [1984]. *Reasons and Persons*. Oxford University Press.)

(3) 江口聡は同説を指す際、「欲求充足説」のほかに「欲求実現説」との呼称も用いている(次の論文の七六頁を参照。「幸福の心理学研究に対して倫理学者はどう反応するべきか」、『現代社会研究科論集』第八号所収)。後者の呼称を用いれば、「充足」を「充足感」として誤読されることを防げるかもしれない。ただし本章では、一般的な訳語の選定に倣って「欲求充足説」との呼称を採用した。

(4) 本段落での私見の詳細は、青山前掲書、第六章を参照。

(5) 「財産」もまた、しばしば言及される候補だが、金銭の所有そのものに客観的価値があるかどうか――財産の価値は道具的価値(後述)ではないか――という疑問が無視しがたいため、ここでは例示しなかった。とはいえ、もちろん、「健康」等についても同様の疑問は生じうる。

（6）たとえば次を参照。児玉聡『功利主義入門　はじめての倫理学』、ちくま新書、二〇一二年、一六三―一六四頁。

（7）「道具的でない良さ」は「内在的価値（intrinsic value）」とも呼ばれる。幸福と内在的価値の関係については次に詳しい。伊勢田哲治『倫理学的に考える　倫理学の可能性をさぐる十の論考』、勁草書房、二〇一二年、二〇四―二〇八頁。

（8）次のpp. 793-794を参照。Woodard, C. [2013]. Classifying Theories of Welfare. *Philosophical Studies* 165 (3).

（9）青山前掲書、二二七―二三七頁。

（10）青山拓央『時間と自由意志　自由は存在するか』、筑摩書房、二〇一六年。

（11）Wittgenstein, L. [1922]. *Tractatus Logico-Philosophicus*, in *Werkausgabe Band 1*, Suhrkamp, 1984.〈邦訳〉ウィトゲンシュタイン『論理哲学論考』、野矢茂樹訳、岩波文庫、二〇〇三年。

（12）「語る」「示す」「論理形式」「論理空間」等々の『論考』独特の用語についても、一つひとつ解説をすることはできない。本章で挙げた文献のほか、『論考』にはいくつもの優れた解説書があるので、詳細はそちらをあたって頂きたい。

（13）野矢茂樹『ウィトゲンシュタイン『論理哲学論考』を読む』、ちくま学芸文庫、二〇〇六年、四一―四二頁。

（14）野矢前掲書、四一頁。

（15）『論考』二・一四一節、岩波文庫版、一九頁。

（16）野矢前掲書、四四―四六頁。

（17）諸可能性は語りえず示されるのみである、というこの論点については、ピーチの次の論文やそこでの参照文献が参考になる。Peach, A. J. [2007]. Possibility in the Tractatus : A Defense of the Old Wittgenstein. *Journal of the History of Philosophy* 45 (4).

（18）草稿の一九一四年一一月一〇日付の文章を次より引用。「草稿　1914-1916」、奥雅博訳、『ウィトゲンシュタイン全集1』所収、大修館書店、一九七五年。（原著：Wittgenstein, L. *Tagebücher 1914-1916*, in *Werkausgabe Band 1*, Suhrkamp, 1984.）

（19）何らかの名である「n」について、「nは存在する」が無意味であるのはなぜか。それは、「n」が名である以上、nは何らかの事実から分解を経て切り出された対象であり、その存在はすでに「示されて」いるからである。これに似て、「p」が要素命題であるなら、それは何らかの事態の像であり、そして、pが事態であることのうちにpが可能であることは「示されて」いる。

（20）この点については次を参照。飯田隆『ウィトゲンシュタイン　言語の限界』、講談社、二〇〇五年、九九―一〇三頁。

（21）こうした読解の余地については、次の著書が参考になる。A・キートリー『ウィトゲンシュタイン・文法・神』、星川啓慈訳、法藏館、一九八九年。（原著：Keightley, A. [1976]. *Wittgenstein, Grammar and God*. Epworth Press.）

（22）たとえば、野矢、飯田のいずれの前掲書でも、二つの語りえなさが比較される際、『論考』の独我論が参照されている。そのほか、永井均の解説書より次を引用。「にもかかわらず、先験的な論理と超越論的な倫理を重ね合わせるという役割は、独我論それ自体を形式化せずにはおかなかった。認識論的独我論の場合と同様、それは万人に妥当する独我論という逆説的なものになった」（『ウィトゲンシュタイン入門』、ちくま新書、一九九五年、八二―八三頁）。

（23）『論考』五・六二節より抜粋（強調原文）、岩波文庫版、一一五頁。

（24）『論考』五・六三三節、岩波文庫版、一一六頁。

（25）それゆえ、『論考』や草稿における叙述は、「意志」による世界の肯定と、運命愛的な世界の肯定のあいだで揺れている。ウィトゲンシュタインはそれらの肯定を同じものだと見なしたのかもしれないが、その同一視の希求もまた、「宗教的」と言ってよい。

おすすめ書籍

・**青山拓央『幸福はなぜ哲学の問題になるのか』、太田出版、二〇一六年**
古典から現代までの哲学、その他の人文学や諸科学、そして音楽や小説などの知見を自由に行き来することで、幸福に関する「何」「いかに」「なぜ」の三つの問いを論じている。

・**ラッセル『ラッセル幸福論』、安藤貞雄訳、岩波文庫、一九九一年**
著名な哲学者の幸福論としてとくに親しみやすい一冊であり、予備知識なしに読むことができるが、その一方で、哲学研究者の目から見ても掘り下げるべき論点が含まれている。

・**大石繁宏『幸せを科学する　心理学からわかったこと』、新曜社、二〇〇九年**
心理学を中心とした科学的研究のデータをふまえて、どのような条件下で主観的幸福感（満足感）が得られやすいかが解説されている。具体的な例も多く、幅広い読者が楽しめるだろう。

・**児玉聡『功利主義入門　はじめての倫理学』、ちくま新書、二〇一二年**
倫理学で重い位置を占める「功利主義」の入門書であるが、後半では幸福についても一章を割いて論じている。功利主義における幸福とはいかなるものかを考える材料として。

・**野矢茂樹『ウィトゲンシュタイン『論理哲学論考』を読む』、ちくま学芸文庫、二〇〇六年**

ウィトゲンシュタインが生前に刊行した唯一の哲学書であり、そして難解さでも知られる『論理哲学論考』を、丹念に分かりやすく、しかし専門性を損なわずに読み解いていく一冊。

第二部――哲学の伝統

第二部は、原因、言語、知識、存在がテーマとなっている。もちろん第一部で挙げられているテーマも、これらのものと変わらず伝統的な問題だが、もう少し第一部のものに比べると抽象的に話が進められている。第二部最初の「原因」は、われわれが世界のさまざまな現象を考えるときに、さけては通れないものである。それがどのようなものかということを、筆者は、原因概念の変転を歴史的に取り扱いつつ、その変転の途上でどのようにして現代の科学的な世界観が生じて来たのかを論じている。また、言語について言えば、特に20世紀の哲学は「言語論的転回」を経験したと言われるほど言語についての議論が隆盛を誇った。事実の問題は、言語の問題として捉えられるべきものだと考えられた。そういった現代の言語哲学の展開などが紹介されている。最後の二章は、いわゆる認識論と存在論という哲学の二大テーマがとりあげられる。ある意味で、私たちが自分を含めた世界について考えるとき、これらは世界を構成する枠組みそれ自体でありながら、それがゆえにどのように探求すれば良いのかが難しい問題であり、やはり哲学らしいテーマであると言えるだろう。

第5章……原因の探求

豊川　祥隆

はじめに――「なぜ」という問いかけ

この章は「原因の探求」と銘打っているが、いましばらく、私たちがふつう「原因」ということで想像することとは少し異なる話題に触れておきたい。われわれは、あることが起こると、それが「なぜ」起こったかを問う。そうしたことはごく日常的に生じる。あなたが明日何かの集まりや授業に遅刻してしまうとすれば、当然、他の人に「なぜ遅刻したんだ」と問われるだろう。それに対し、「夜更かしをしてしまったんだ」とか、「来る途中、事故に巻き込まれたんだ」とあなたは返す。そのようなやりとりは、われわれがこの社会のなかで生きていくにあたり、いわば必須の条件ともいえよう。

あなたがしてしまった遅刻に対する「なぜ」の返答は、あなたが社会的に存在していたければ、あなたに求められているものでもあるからである。いいかえれば、「なぜ」への問いには、時にあなた自身に社会的「責任」が関わっていることが含まれている。

この事情は、哲学、そして学問一般についてもまったく同じである。あることを論じたり研究するさいには、かならず「なぜ」という問いが入りこんでくる。「なぜ物質同士は引かれ合うか」、「なぜ織田信長は本能寺で討たれたか」といったことは、ある特定の学問の中でみられる典型的な問いかけである――もちろん、こうした問いに対する答えが一つかどうか、もしくはそもそも答えが存在しているかどうかは、問いによってまちまちではあるけれども。ところで、この本は「哲学」について書かれたものである。そこで、これからこの章では、哲学のなかの「なぜ」を論じていくのだろうか――そう自然と想像できる。しかし、ひとつひっかかることがある。この章は「原因の探究」であるはずなのに、どうしてその話題が「なぜ」にすりかわっているのだろうか。このことが明らかにならなければ、この章は支離滅裂なものになってしまうだろう。しかし、特に哲学史の観点からみたとき、これは見た目よりも支離滅裂ではないし、そして重要なことに、われわれ人間がたどった哲学や思考の歴史の一側面が、表面上に見られるその支離滅裂さの奥に隠されている。このことをふまえた上で、続く部分を読んでほしい。また、今日では、因果性の問題は非常に洗練された形で論じられ、また学問ごとに毛色の異なる因果性が扱われてきている。本章では、こうしたものに深く立ち入ることはできない。こうしたテーマに関心のある人は、申し訳ないが、参考文献として挙げたものにあたってほしい。ただ、本章の考え方は、現代の因果論にもかかわる話を含んでいるので、あまり無駄にはならないと期待したい。

1　言葉の根――「アイティア」について

この本を読んでいる読者が日本人だとすれば、「原因」という日本語を聞くと、おおむね共通するイメージをもつだろう。あるボタンを押して部屋の明かりがついたとする。このとき、何が「原因」だろうか。おそらくは、「ボタンを押したこと」が共通する答えとなるだろうし、現代の日本語であれば、それが妥当な答えだといえるだろう。また実際、現代の日本で学ばれている哲学で「原因」というとき、何らかのできごとを引き起こすという意味での原因が考えられることが非常に多い。しかし、それは現代の日本の話であって、それが古今東西あらゆる言葉にあてはまるかは明白ではない。また、上ではボタンと明かりの例を挙げたが、あらためて「なぜボタンを押したことが原因なのか?」と問われると、返答に困ってしまうかもしれない。つまり、われわれは「原因」について何気なく理解していると思っているが、その詳細まで知っている状態にあるとは限らない。そこで、この

「原因」という言葉の起源を、特に西洋に重点を置いてみていくことで、「原因」の性質を明らかにしていきたい(1)。

「原因」という言葉は、英語では"cause"にあたる。たしかに、"cause"ときけば、「原因」であったり、動詞形の「〜を引き起こす」といった意味を思い浮かべられる。ただ、名詞形のcauseを辞書を引いてみると、「原因」のほかに、「理由」や「訴訟」といった意味を見つけることができる。同じつづりではあるが、フランス語の"cause"にしても、事情は同じである。ところで、英語とフランス語の「原因」が同じつづりなのは、この二つの言語の"cause"が、ラテン語の"causa"に由来しているからである。そして、この"causa"も、同じように、「原因」や「理由」、「訴訟」の意味を含んでいる。二つの言語は、"cause"にかんして、ラテン語のcausaにその意味を負っているのである。

また、ラテン語の"causa"だけでなく、この言葉と同じ古代ギリシア語の"αἰτία（アイティア）"もまた、同じような意味をもっている（同じ意味で少し形の異なる"αἴτιον（アイティオン）"という言葉もあるが、ここではアイティアに統一する）。このアイティア、もしくはこの形容詞形である"αἴτιος（アイティオス）"は、もとは、何か善いことや悪いことに対して持っている状態や責任であったり、端的に有罪であることを指していた。つまり、「アイティア」や「アイティオス」といった言葉は、ものごとの「原因」よりもむしろ、「責任を負う理由」といった意味をもっていた。しかし、とりわけ古代ギリシアのある時期に生きた哲学者や歴史家たちがこの言葉を使うとき、これを「あるものごとを

（学問的に）理解するための要因」の意味で用いた。この意味は、「あるものごとが今ある状態なのは、ある別のものに負っている」という意味で前の意味に似ているが、道徳的なニュアンスは省かれている。そして、その用法の代表者であったのが、これから紹介するアリストテレスである。その代表ぶりは、彼の著作である『自然学』の冒頭箇所を読んでもらえれば、すぐに納得してもらえるだろう。

およそいかなる部門の研究においても、その対象にそれの原理、原因、ないしそれの構成要素があるかぎり、われわれがその研究対象を知っているとか学的に認識しているとかいうのは、これら〔それの原理・原因・構成要素〕をよく知ってからのことである（というのは、普通われわれは、各々の対象事物の第一の原因、第一の原理を、その構成要素にいたるまで知りつくしたとき、そのとき初めてその各々を知ったものと思っているからである）（『自然学』184a10、Cf.『形而上学』993b20-）[2]

このとおり、アリストテレスは、われわれが何かを認識するには、「原因」や、原因に並置されてそれに近い意味である「原理」を知る必要があるといっている。ただし、注意しておきたいのは、アリストテレスにとって、当の認識は、「学的」なものであるということである。つまり、われわれは日常的に「原因」や「原理」という観点をとることなく、何かものごとを「知っている」とか「認識した」ということがあるが、アリストテレスは、このこと自体を強く否定しているわけではない。とはいえアリストテレスは、ただ単にある事実やそれが起こることを知っている人よりも、それが「なぜ」起こるかを知っている人のほうが「理解する」、ないし「認識する」という状態にあてはまっていると考えており（『形而上学』981a20-）、どちらをより重要視しているかといえば、やはり「なぜ」を知っている方、つまり「原因」を知ることでものごとを認識する方である。

それでは、アリストテレスが「原因」についてどのように考えていたかについて、もう少し立ち入っていきたい。哲学や倫理を少し勉強したことのある人であれば、「四原因」という単語を聞いたことがあるだろう。四原因とは、もちろん、「四つの原因」のことだが、それが何を指すかといえば、「質料（素材）因」、「形相因」、「作用（始動）因」、そして「目的因」といわれるものである。つまり、先取りしていうと、ものごとの原因とは、究極的には、「質料」、「形相」、「作用」、「目的」の四つに区分することができる。ただ、「形相」は日本語としても平明な表現ではないし、また「作用」も何を指しているのかがこれだけでは分かりにくいため、アリストテレス自身が用いた「銅像」の例で考えてみよう。あるものがあなたの目の前にあり、あなたはそれを「銅像」だと考えたとする。隣にいた友人に「なんで銅像だと思う？」と尋ねられると、あなたは——アリストテレスにしたがえば——次のように答えることができる（Cf.『形而上学』1013a23-）。

①それは何の素材でできているか？
→おもに青銅を素材として作られた。（質料因）

②それは何であるか？
↓それ自体が「銅像」という性質をもっている。（形相因）
③それは誰によって作られた（動かされた）か？
↓その像はある彫刻家や彫刻技術によって作られた。（作用因（始動因））
④それは何の目的をもっているか？
↓それは多くの人に観て楽しんでもらったり、そのモデルの人の偉業を称えるといった目的をもっている。（目的因）

ひょっとすると、「なぜ銅像なのか」という問いに対し、上で挙げたものとは別の仕方で答えられるかもしれない。しかしアリストテレスの考えでは、「なぜ銅像なのか」の問いには、究極的には①から④の答えが与えられ、それぞれの原因が、順に「質料因」、「形相因」、「作用因」、「目的因」に対応している。こうしてみると、硬い言葉ではあるが、アリストテレスはいくぶん分かりやすいことを考えていたといえるだろう。ためしに、今あなたのまわりにあるものを適当に取ってみて、「四原因」を考えてみてほしい。今あなたの目の前にある本や机について、「それがなぜ「本」や「机」なのか」と考えてみてほしい。そうした考え方はわれわれが日常的に行なっているものの考え方と、いくぶん似ているといえるだろう。

ここで、一つ補足をつけておきたい。アリストテレスによれば、実際には、すべてのものが四つの原因をもつわけではない。たとえば、数学で扱う数や幾何学の図形といったものは、本来的には質料因をもたない。われわれは日常的に、「三冊の四角い本」とか「五枚の丸い硬貨」などということがあるが、数や図形は、本来的にはわれわれの頭の中にある概念であり、「木」や「青銅」といった素材でできたモノではない。また、同じく数学の領域の数や図形は、目的因をもたない。頭のなかの概念の三角形は何の目的で作られたか、と数学の神の立場で想像をめぐらすことはひょっとすると楽しいかもしれない。とはいえ、それには正しい答えは存在しない。なぜなら、その三角形には目的因がないからである。一方、アリストテレスによれば、この世界に存在しているモノ、たとえば「本」や「机」、さらには石や水、空気といったものには、かならず四種類の原因がある。そして、本節の冒頭で紹介した本のタイトルである「自然学」は、まさにこうしたものの原因を探求する学問だった。

「……石や水が目的をもつ？」と不思議に思われるかもしれない。これについては、次の節でふたたび取り上げる。ここで心に留めてもらいたいのは、アリストテレスにとって、数学と自然学は本質的に違うもので、数学は特にその探究対象である原因が少ないということである。また自然学の場合、四つの原因が等しく取り上げられるというだけでなく、時に目的因が優先されることもある（『自然学』200a30-）。たとえば、なにかものを作るときに素材を集めるさい、集めたものが「素材」でありうるのは、それがある目的のために集められているからであり、ある素材が特定の目的を導くということはない。そうした意味で、アリストテレスにとって、ものごとの目的を探究することは、とりわけ重要なことであった。

2 近代科学という営みと「目的」の瓦解

アリストテレスの「原因」観は、その後しばらくのあいだ、多くの哲学者ないし学問に携わる人のモデルケースを担ってきた。「しばらく」というのは、おおむね古代や中世(およそ紀元前四世紀から紀元後一五世紀まで)のあいだのことだと考えてほしい。正確にいえば、その間の時期でも、何人かの神学者の議論のなかで、これから論じるような展開が緩やかに起きていた。しかし、近世になると、この原因観は、いくつかの側面から大きな変革を迎える。そこで、話は前節からかなり飛んで、近世のはじめに移りたい。特に一六世紀から、学問の方法が大きく転換し、それが現在の日本でわれわれが享受している科学の方法の原型となっており、このことと原因観の転換は密接にリンクしている。この節では、その「転換」を、原因概念の役割を手がかりにみていきたい。

近世の科学が現在の科学の原型となっているといったが、それは第一に、物体や天体の運動を研究する分野において思考方法の転換が起こったことが要因になっている。この過程ではとりわけ、この世界のものの目的因を探求するという方針が廃れていき、かわりに自然のものがどのように運動するかということが、特に数学的に考察されるようになった。すなわち、あるできごとや事象への「なぜ?」に答える仕方について、目的の観点から考えることが廃れ、数学的観点から考えることが主流となっていった。この方法は、コペルニクスをはじめとして、ティコ・ブラーエ、ヨハネス・ケプラー、そしてガリレオ・ガリレイといった人たちに受け継がれ、そしてアイザック・ニュートンにおいて一つの最盛期を迎える。彼らは、アリストテレスがいわば不完全だと考えていた方法をとっていたことになるが、その後、数学的手法を主柱として、天文学や物理学を皮切りに諸学問が飛躍的に発展したことは、否定しようのない事実である。

なぜこのような転換が起こったのだろうか。もしくは、なぜ「目的因」が排除されていったのだろうか。実際にこの世界のモノに目を凝らしてみると、目的をもっているようにはみえないものも数多く存在する。たとえば、地球の大部分を構成している土や石、もしくは水は、それ自体目的をもっているようには見えない。現代のわれわれからすれば奇妙に見えるが、アリストテレスは、石(土)や水といった自然物にもたしかに目的があると考えた(『天体論』268b13-)。どのような目的だろうか。水や石(土)を投げてみると、(重さのために)下に落ちていくことが観察されるが、アリストテレスはこのことから、「水や石は地球の中心に向かう」ことを目的とすると考えた。逆に、この地球を構成する別の物質——アリストテレスによれば火と空気——は、その軽さから「地球の中心から離れていく」ことを目的とする。火の挙動を見れば、それが生じた瞬間、上に向かうことが観察される。そうしたできごとから、アリストテレスは、自然物の目的の存在を推測する。しかし、ふつう現代のわれわれは、そうした観察から、「水や土、火や空気は目的をもっているのだ」と考えることはしない。われわれにとって、目的は、「本を読む」とか「ケーキを食べる」のように、運動の方向性以上の何かを指す。しかし、その目的をそうした物質がもつと確認することは難しい。子どもであれば、流れていく雲に「どこ(目的地)に行くの?」「なんのために?」と問うことはあるかもしれない。しかし、それはある意味でナンセンスである。雲が実際に答えてくれるわけでもないし、仮にわれわれが「雲の目的」を考えるにしても、それが一致することは望みがたいからである。一方、数学的に表わされた物質の動きは、基本的には誰に対しても共通の事実を与えてくれる。その意味で、自然物を数学的に扱うことには、大きな意義がある。

これまでのところ、話は比較的スムーズに頭に入るのではないだろうか。実際、いくつもの分野の科学の歴史が、この道をたどってきたし、われわれはその科学を享受しているのである。しかしながら、「目的を排除する」この見方が、人間自身に適用される場面になると、状況は一変する。われわれは自分自身を、純粋に物質的なもの、たとえば無数の有機物、もしくは原子や分子とみなすことができる。そして、この視点に立てば、それら一つひとつが目的をもっているとは見えないために、その集合である人間も「目的」をもっていないと考えられる。もちろん、「一つひとつの原子が部分として人間を構成するが、個々の原子の総和に還元されない人間の目的はある」と反論できるかもしれない。実際明らかに、「人間が目的をもたずに動く」というのは、われわれの常識に反するし、われわれはたしかに何らかの目的をもって生活している。そこで、日常的にも哲学的にも、物質の挙動以上のものが人間に備わっており、それがわれわれの目的を形成すると考えられてきた。心や精神、もしくは魂といったものが、それにあたる。日常生活を送るにあたり、やはりわれわれは自分や他の人に心があることをごく当たり前だと思っている。そこに、いくつかの動物も付け加えてもいいかもしれない（動物が心をもつことについては、第二章も読んでみてほしい）。ただ、その「当たり前」をさらに掘り下げて考察しようとすると、壁にぶつかる。われわれは、自分自身の心については、容易に確認できる。今この本を読んでいる瞬間、頭のなかにめぐっている思考やきもちは、すべてわれわれ自身の心の中のものである。そしてまた、心の中で、ある目的が生じるということも確認できるだろう。一方、他の人についてはどうだろうか。この場合は、自分で自分の心が分かる同じ仕方で、他の人の心を理解することはできない。その人の表情や仕草といった身体的ふるまいや言葉を経由して、間接的に推測できるにすぎない。さて、心を扱う学問が人間一般の心にあてはまることを目指すなら、私と他の人の心へアクセスする仕方を統一しなければならない。その仕方の一つ――そして古代から連綿と続く仕方は、われわれの心を、われわれにとって客観的に現れる物質の性質、あり方から捉えようというものであった。現代では、脳の特定の部位（野）に流れる電位から、心を捉えようという試みが一つの主流である。こうした試みのなかでは、雲や水がそうであるように、特定の脳の部位が「われわれに怒りの感情をもたせようという目的をもっている」などという考えは完全に排除されている。

哲学史の文脈でいえば、以上のような「脱目的」の過程は、「機械論（mechanism）」という考え方と並行してきた。「機械」というと、今では車やスマートフォンのようなものを連想するが、一六世紀からはじまる近代の機械論の「機械」については、歯車で動く自動人形を思い浮かべるとわかりやすいかもしれない。そうした機械は、一度ある状態に置かれると、ある特定の目的をもって自律的に動くのではなく、その機械に課された法則にしたがって運動をおこなう。日本語では、「機械的に動く」、「機械のような人間だ」といった表現があるが、それもこの「機械」にも近いといえよう。そのイメージから、機械論は、かなりおおざっぱになるが、次のように特徴づけられる。

①機械論は、この世界の物質を考察対象とする。
②機械論の対象とする物質は、それ自体目的をもたない
③機械論の対象とする物質は、（厳密な）自然法則にしたがって運動している

たとえば、この世界の無機物はそれ自体目的をもたず、ニュートンの運動法則や各々の物性にともな

う法則にしたがって動いていると考える点で、その無機物は「機械」と考えられる。同様に、われわれの脳を含めた身体も、それ自体は原子や分子からなり、それらはやはり自然法則にしたがって動いている——少なくともそう想定することには大きな矛盾はない。そこでその意味で、やはり人間もまた「機械」の一種であり、自動人形のように動くものにすぎないと考えることが可能となる。こうした思考は、どこまでそれで人間を説明しようとする程度差はあれ、近代の哲学者であるデカルトやホッブズなどに端を発しており、人間を対象とする科学の多くに受け継がれている。

3 ドミノ倒し

さて、もしかすると、純粋に機械であると考えられた世界が、さほど問題のないような世界に見えるかもしれない。もしくは、そもそもそのような世界がどんなものか、想像がつきにくいかもしれない。そこで、そのイメージをつかむため、ドミノ倒しを考えてみたい。ドミノ倒しを見たり、実際に並べたりしたことがあるだろうか。細長いピースが連続して並べられ、最初の一つが倒れると、次のピースが倒れ、そして順々にピースが折り重なって倒れていく、というものである。話が少し数学的になるが、簡単に次のような状態を考えてみよう（図1）。順に並べられた無数のドミノのなかで、

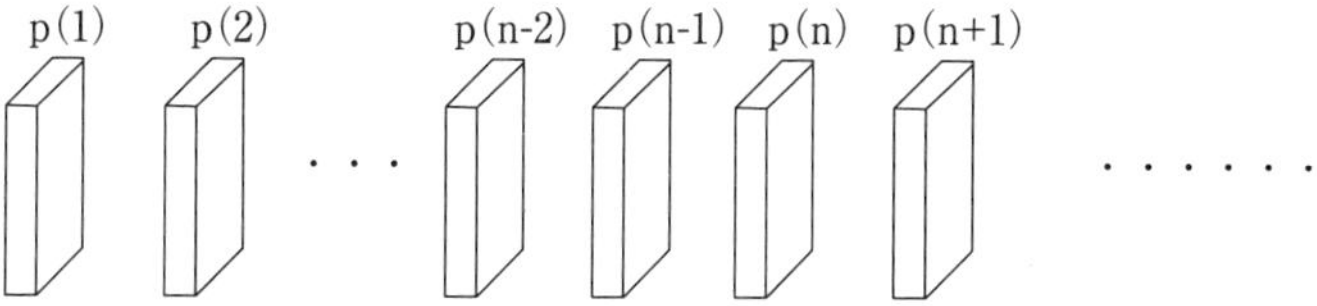

図1●ドミノモデル

n番目に並べられたピースをp(n)とし、その前のピースをp(n-1)、そのあとのピースをp(n+1)とする。つまり、最初に倒れるはずのピースはp(1)、その次に倒れるピースがp(2)である。さて、もちろんドミノ倒しでは、p(n)が倒れるのは、直接的にはp(n-1)が倒れることが原因となっている。しかし、p(n-1)が倒れるのもまた、直接的にはp(n-2)を原因としており、p(n-2)が倒れなければp(n)も倒れないことになる。しかしながらp(n-2)もまた…と考えると、最終的には、p(n)（もしくは任意のピース）が倒れることの原因は、最終的にはp(1)が倒れることにある。さて、今度はこれを逆から考えてみよう。この場合、p(n)もしくは任意のピースは、p(1)が倒れた時点で、倒れることが決まることになる。もちろんドミノ倒しでは、並べ方が下手であれば、途中で倒れないピースが出てきてしまう。しかし、うまく並べることができれば、すべてのピースが倒れることは、p(1)が倒れることで決定されることになるだろう。

　このドミノ倒しは、機械論の世界にあてはめて考えることができる（図2）。ある時点tでのできごとをE(t)とし、その一瞬前のできごとをE(s)、E(t)の一瞬あとのできごとをE(u)と考えてみる——要は、時間の経過をアルファベット順にならべ、その時点で生じているできごとEを考えてみる。Eは、ある一つの

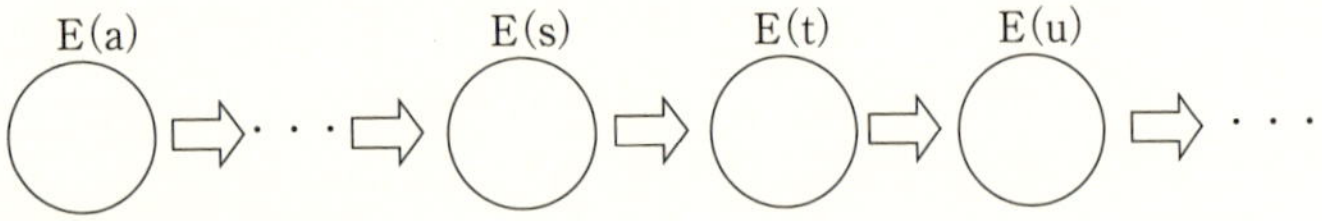

図2●できごとモデル

できごとというより、この世界のできごとの総体として考えてもらいたい。そして機械論の定式③をもちいると、E(t)は、その一瞬前のできごとE(s)が、この世界の自然法則にしたがうことで生じるということができる。すると、E(t)が生じるのは、直接的には自然法則にしたがったE(s)が原因であると考えることができる。しかしもちろん、さきほどのドミノ倒しの例で明らかなように、E(s)もまた、その前に生じたE(r)を原因にもっている。そしてこの場合、どこまで遡ることができるだろうか。それはもちろん、この世界が存在し始めることになった時点（アルファベットの並びで、aとする）で生じたE(a)まで遡ることになる。

現代のわれわれは、E(a)のことをビッグバンであると考えるのが一般的だが、その是非はともあれ、世界の最初のできごとE(a)が存在し、また、その時点から作用している不変的な自然法則が存在するとしよう。さて、ドミノ倒しと同様、今度はE(a)からものごとを眺めてみよう。すると、E(a)が起こったということは、実際に知ることができるかはともかくとして、E(b)、E(c)、…E(t)、…といった過去・現在・未来に起こるできごとすべてが、確定した形で起こることを意味する。「できごと」といったが、これは、人間に関係のない自然現象だけを指すのではない。既述のように、物質レベルでみれば、人間にかかわるできごともまた、ある種の自然現象であると考えられる。もちろんその過程で、われわれが何らかのきもちや目的をもつことはたしかである。しかし、このドミノ倒しの観点からすれば、そうしたきもちや目的とは一切かかわりなく、われわれのあらゆるふるまいや活動は、この世界が始まった時点から正確に決まっている、と考えられる。つまり、ドミノが倒れるのと同じように、その瞬間ごとのわれわれの状態やきもち、意志について、あらかじめ機械的に決まっている――それゆえ、何かを行なう前にもつ何らかの目的について考えることは、あまり意味がなくなってしまう。また、われわれが何をするのかがあらかじめ機械的に決まっているなら、何か善いことをして賞賛されたり、悪いことをして罰せられることの根拠もまた、大きく損なわれてしまう。とはいえ、われわれのきもちや意志、目的が変わりやすいのに対し、機械的に定められたものは、一度その原理を知ってしまえば、認識することが非常に楽ではある。その意味で、学問や科学が機械論に傾くようになったのも、一応は頷けるであろう。

このようにしてわれわれは、さまざまな思考の場面、とりわけ学問的・科学的な場面で、何らかの目的を考えることを「減らす」ようになった。英語で「減らす」は“reduce”であり、この思考の「減少」を目指す考え方を、しばしば“reductionism”という。「思考の減少」といったが、これが意味するのは、あることがら――本章ではおもに目的因――を端的に考えないことでもあるし、また仮にあることがらを考えるにしても、それが本来属している枠組みとは別の枠組み――本章では機械論的枠組み――のなかに組み込んで、思考の枠組みを統一することである。特に後者の場合、“reductionism”

はしばしば「還元主義」と呼ばれる。そこで、本章の例を還元主義的にみるならば、われわれの目的は、機械的に動く物質がもっている作用にほかならず、その作用によって説明される、と考える仕方が、これにあたる。目的因は、いわば、後続する結果を引き起こす作用因に還元されるのである。

ただし、興味深いことに、「AがBを生み出す原因（作用因）である」ということ自体も、ある時期から疑われてきた。一八世紀スコットランドの哲学者のデイヴィッド・ヒュームがその代表例である。たとえばわれわれは、磁石が砂鉄を引きつける現象をみて、「磁石には砂鉄を引きつける能力がある」と考える。しかし、磁石に本当にそんな「能力がある」のだろうか。ヒュームは、この場合、磁石の作用と実際のできごと（砂鉄が引きつけられること）のあいだに、次の関係が成立しており、能力のようなそれ以外の要因はわれわれに不可知であるとした[3]。

①磁石の作用と砂鉄が引きつけられることとは、時間的に連続している
②磁石と砂鉄は、空間的に近接している（二者が十分に近接している）
③磁石の作用がはたらいて砂鉄が引きつけられることが、何度も起こる

ヒュームは、この三つの関係性から因果関係を捉えようとした。逆にいえば、ヒュームは、これら以外の関係や性質は因果性に入り込まないと考えた。ヒュームにとって、「能力」もしくは「能力をも

つ」といった概念は、ものごとの「原因」を考えるにあたり、必要ないものか、それを考えるにしても既に述べた三つの関係から理解されなければならない。つまり、ここでは「能力」が、既に挙げた三つの関係へ「還元」されることになるのである。また、一九世紀から二〇世紀の科学者、哲学者であったエルンスト・マッハは、科学的探究において、因果関係を数学の関数に置き換えることを主張した(4)。ここではさらに、作用因それ自体が「還元」の対象となって、関数へとその姿を変えることになる。マッハや、彼と同時代の哲学者であるアヴェナリウスは、「思考経済の原理」というものを唱えたが、これはまさに、探究の役に立たない思考を科学の領域から「減らし」、「経済的に」探求を行なうための原理にほかならなかった。加えて、原因概念を他の要素や関係にもとづけて考えることは、まさに現代の因果論と呼ばれる一分野の仕事である。例えば、反事実的条件(「もしAがなかったら、Bは生じなかったであろう」)という関係や、確率的関係などに因果性を還元しようという試みが、現代ではなされてきている(5)。

以上をふまえると、いくぶんサッパリした表現になってしまうが、次のように言えるように思われる――「学問の歴史は、原因の還元の歴史であった」と。哲学や学問のなかでは、主に数学に依存することの裏返しで、「なぜ」の問い方が徐々に限定されてきた。この傾向は、たとえば物理学の「統一理論」の樹立が目指されるように、現代でも根強く続いている。ただ、私のみるところでは、哲学、もしくは人間には、こうした潮流に逆らう一面もたしかに存在する。最後に、この側面をみていこう。

4 現代の「原因」観——概念の多元主義にむけて

これまで、原因概念が哲学や学問のなかで徐々にカットされ、機械論という考えが展開されていく一場面をみてきた。少し考えると、「できごとや事象は、直前のできごとや事象を原因にもつ」ということは、ごく当たり前のことのように思える。一方、一度この考えを受け容れると、自分の行動やきもち、意志までもが、同じ枠にはめられ、結局はこの世界の最初の時点で、「こう起こる」ということが決められてしまうように思える。こういうと、多くの人は、どこか煮え切らない違和感をもつのではないか。しかし私が思うに、その違和感は、機械論自体がもつ論理が間違っていることからくるのではない。むしろ、それがある程度正しいとわれわれは納得できてしまうからこそ、われわれの実際の世界観とは異なる機械論の様相にとまどうのである。そこで、この「とまどい」を哲学はどのような答えを与えうるのかについての一例をみてみたい。

さきほど紹介したデイヴィッド・ヒュームと同じ国の出身で、かつ同時代の人に、ケイムズという人がいる（ヘンリー・ヒュームが本名だが、先のヒュームと紛らわしいので、しばしばケイムズ（卿）と呼ばれる。以降でもこの慣例にならう）。この哲学者は、「なにごとにも先行する原因がある」ことが真であり、そしてそれゆえに世界を構成する因果関係とは独立に人間がもつ自由という考えが「欺瞞的

(delusive)」であることを主張しつつ、次のようにいう。

> 神は万物の第一原因である。その無限の心において、神は偉大な統治の計画を練りあげた。(…)この計画のうちで人間はその役目を担い、自分に意図された特定の目的を達成する。人間は行為者には違いないし、自発性を意識して行為しなければならない。(…)何事も偶然で、自分のおかげで引き起こされるものではないと考えれば、未来への配慮や、あらゆる種類の勤労や配慮の余地がなくなってしまうだろう。(…)要するに、理性と思考は、人間が偶然性の感覚を与えられていなければ、そして自分が必然的な行為者であることについては無知に留め置かれているのでなくては、今あるようには行使されたことはないだろう(6)。

ケイムズが言いたいのは次のようなことである。全知全能の神が創造したこの世界が、創造の時点からどのように運行するかについては、確かに決まっている。その意味で、われわれの行為はすべて決まっている。しかし同時に、われわれはその詳細については無知である。そして、この「無知」こそが重要である。どのように世界が動き、われわれが行為するか知らないからこそ、人間の自由は担保され、世界や社会はうまく機能する。ケイムズのこうした考えは、少し奇異に見えるかもしれない。なぜなら、「知らなかったほうがよかった事実」にたまに出くわすにせよ、われわれは一般に、ものごとを知ることは良いことで、無知は悪いことだと考えるからである。実際、ケイムズの主張は、当時の世界ではかなり異端的であった。ケイムズの主張は、実際にはわれわれは自由ではないのに、神がわれわれを欺いて、自由であると感じさせているという考えに至るため、特に宗教的方面から多くの批判を受けた。とはいえ、ケイムズのいう「無知」には——私が思うに——人間のあり方を的確に描き出す何かが伴っており、それゆえにさきほどの「とまどい」に対する、いわば鎮痛剤の機能を果たしている。

機械論が正しいと考え、これを受け容れるかどうかは、もちろん各人の自由ではある。しかし、この「受け容れ」は、次のような意味で簡単ではない。あなたがこの本を読んで機械論に納得したとしよう。この世界のあらゆるものは機械的に動く、このような考えをもとに、あなたを含めた世界を眺め返す。しかし、恐らくこの本を閉じてしばらく時間がたてば、あなたは機械論のことを忘れてしまうだろう。あなたは家族や友人をみて、彼らの行動が彼ら自身によって、機械的ではない仕方で決められていると思うだろう。その後、「機械論は正しいと思う?」と尋ねられれば、「ああ、そうだ。この世界は機械的なんだ」と思い出し、また特別な眼で世界を眺め出すかもしれないが、また時間が経てば、もとの状態に戻るだろう。このエピソードは、われわれ人間が、日常的な多くの場面で、機械論のような、頭を使う考えを自然に取り入れることはできず、反対に機械論への無知ないし忘却の状態に陥りやすいということを物語っている。われわれは、しようと思えば、数秒、あるいは数分ほど逆立ちすることができるが、一日中逆立ちで過ごすわけにはいかない。それと同じように、われわれは機械論を少しの間受け容れられるが、それを日常全般に取り入れるようにできていない。もう少しいえば、複数の考え方のなかでも、われわれが日常生活に使っている思考の枠組みは、科学や学問で使われるような、他のどの枠組みにも優先される。機械論を導入する思考がすぐれて理性的であるのとは違い、われわれが他人にたいするときの自然な思考はより感性的なものであり、われわれは後者に多く依存しているという指摘は、先述のヒュームや、現代イギリスの哲学者であるストローソンが行なっている。(7) そこで、機械論にともなうとまどいは、いわば、われわれの生に何ら影響を及ぼすことなく、われわれの日常的忘却のなかに溶解していくといえよう。

では、機械論はわれわれに合わないとして、放棄してしまえばよいのではないか。そう思われるかもしれない。しかし既に述べたように、機械論自体は、大きく的を外したものではないし、現行の科学で用いられている。日常的には「とまどい」は解消されるとはいえ、後味の悪さがまだ残っている。どうしたらよいか。私自身は、場合に応じて機械論を受け容れたり拒絶すればよいと考えている。われわれは実際、日常生活を送るときと、何らかの学問を考えるときとで、異なる枠組みを受け容れることができるし、実際に受け容れている。また、学問のなかでも、異なる原因観が用いられてきている。たとえば——やや単純すぎる例だが——医学において、「同じ症状の患者にAという薬を投与したら、99.95%の患者の症状が改善した」という場合、その薬が必然的に（100%で）症状を改善しないからといって、その薬は症状改善の原因ではないと考えることは不合理である。少なくとも現状では、医学の対象である人体のメカニズムの複雑さを機械論で捉えきるのは不可能である以上、機械論の原因観をそこに適用することはできない。同様に、現状として人間の意図と行為が機械的に定まるものではない以上、機械論で人間の行為を捉えることはできない。なぜ、思考の枠組みごとに原因観がこのように異なるかといえば、われわれの日常の思考や学問的思考のなかで把捉し、理解しようとする対象が異なるからである。逆にいえば、ある一つの対象と、それにフィットする枠組み――本章の例では、物質と機械論――で、別の枠組みに属するものであったり、もしくはこの世界のできごとや事象すべてを捉えようとする――これがまさに機械論という試みだった――と、いびつで不毛な議論が生まれやすい。そのいびつさは、あるものごとに特定の仕方で「なぜ？」を問いかけるときの固有の価値を破壊してしまったり、誤ってその価値を付与してしまう。たとえば、「ある行為がどのような目的で行なわれたか」ということは、われわれにとって非常に重要な意味をもっているが、機械論はその意味を捨象してしまう。逆に、雲に目的を与えることは、雲がわれわれと同じ知性をもつ存在であるという誤解のもととなる。そしてわれわれは、繰り返しになるが、大抵の場合、この不毛さやいびつさを回避し、適切な原因、もしくは「なぜ？」という問いかけを、対象にうまくあてはめることができる。その意味で、原因の多義性は、問題なく保持され、活用されることができるのである。

おわりに——人間の進歩と面白さ

以上のことをまとめるなら、こういうことができるだろう——われわれにとって原因概念は複数あって、われわれはその各々を場面に応じて使い分け、適切な「なぜ」の問いかけを行なっている。「では、要は各々の思考の領域で分をわきまえて考えればよい、こういうことか」——こう思われるかもしれない。これは確かに本章の一つの大きな結論ではある。分をわきまえることで、現状の備えつけの合理性をもとに、われわれにとって必要な価値を損なうことなく行動できる。しかしながら同時に、天文学者や物理学者たちが、実際に当時の理解に異を唱え、物質や人間から目的因を排除したからこそ、学問が大きく進歩したことも忘れてはならない。また、われわれは何かに失敗したとき、「この失敗は決まっていたんだ」と考え、みずからを慰めることがある。[8] また、化学者のなかには、有機化合物の構造を探究するさい、「タンパク質のきもちになって考える」ことで、その構造を突き止める人もいるという。[9] 雲に行き先を尋ねることもまた、ある意味では、子どもの情操を涵養することには非常に効果的だろう。普通の考え方、もしくは「なぜ？」の問いかけ方から逸脱することは、多くの場合滑稽でしかないが、面白いことに、時にわれわれはそこからふつう得られないような大きな恩恵を受けている。その影響は、個人にとどまる場合もあれば、のちの歴史を変えてしまうこともある。人間をよく眺めてみれば、原因概念の変遷のなかにも、還元やそれに対する反動、さらにはあえて異なる原因概念を用いてみるといった複雑なダイナニズムが根づいている。われわれは、「明かりがついたのはボタンを押したことが原因である」から出発してきたが、そうした考え方は、いわば人間の思考から独立に存在する不変の「原因」ではなくて、思考の複雑な潮流のなかから取り出されたものの捉え方の一つなのである。

注

（1）以降の原因概念の歴史については、Sarah Broadie "The Ancient Greeks", in Helen Beebee et al (eds.), *The Oxford Handbook of Causation*, 2009, pp. 21-39に負っている。また、ごく短い論文ではあるが、本章の考え方は、藤沢令夫「Aitia-Causa-Cause：「因果律」とは基本的に何だったのか」『理想』六三四号、一九八七年、一〇〇―一〇三頁に拠るところが大きい。

（2）アリストテレスの引用については、作品の邦訳名と段落番号を記している。

（3）デイヴィッド・ヒューム（木曾好能訳）『人間本性論第一巻　知性について』法政大学出版局、二〇一一年、二〇〇頁を参照。この箇所は、ヒュームが因果性を「定義」する有名な箇所である。

（4）エルンスト・マッハ（須藤吾之助・廣松渉訳）『感覚の分析』法政大学出版局、一九七一年、七七頁。

（5）本章ではこれ以上詳細に紹介できないが、現代の因果論については、読書案内に挙げた文献を参考にされたい。

（6）ケイムズ（田中秀夫、増田みどり訳）『道徳と自然宗教の原理』、京都大学学術出版会、二〇一六年、一六九―七〇頁。

（7）ストローソンの哲学の軸の一つは、人間の感性に由来する（日常的な）思考の枠組みと、理性に依拠する（合理的な）思考の枠組みの対立構造にある。機械論（決定論）と道徳の対立については、P・F・ストローソン（法野谷俊哉訳）「自由と怒り」、（門脇俊介・野矢茂樹編）『自由と行為の哲学』、春秋社、二〇一〇年、三一―八〇頁、他のテーマ（道徳、外的知覚、心身合一）については、P. F. Strawson, *Scepticism and Naturalism: Some Varieties*, Routledge, 2008を参照してほしい。

（8）たとえば、ローマ皇帝であったマルクス・アウレリウスは、この世界のできごとが必然的に起こるということを知っていることで、私たちが「安らか」になれるといっている（マルクス・アウレリウス（水地宗明訳）『自省録』京都大学学術出版会、一九九八年、一五九―一六〇頁）。

（9）この例については、網谷祐一『理性の起源』河出書房新社、二〇一七年、二〇三―二〇四頁から引いている。

おすすめ書籍

本章で名前を挙げたヒュームについては、最初に次の著作にあたってもらえると、彼の因果論、認識論の大枠を掴むことができると思う。また、本章で紹介したストローソンの思想に限定すると、次の著作がより包括的である。英語による文献ではあるが、分量は少なめで、英語も易しく、入手もしやすい。

・デイヴィッド・ヒューム『人間知性研究　付人間本性論摘要』、斎藤繁雄、一ノ瀬正樹訳、法政大学出版局、二〇一一年

・P. F. Strawson, *Scepticism and Naturalism: Some Varieties*, Routledge, 2008

上述のヒュームの著作で彼の認識論の枠組みをもとに、ヒューム哲学全体を知りたいという方は、次の著作にチャレンジしてほしい。なお、ヒュームから汲み取った本章の問題意識の多くは、第一巻の第四部のなかにみることができる。

・デイヴィット・ヒューム『人間本性論第一巻――知性について』、木曾好能訳、法政大学出版局、二〇一一年

・――『人間本性論第二巻――情念について』、石川徹、中釜浩一、伊勢俊彦訳、法政大学出版局、

二〇一一年

・――『人間本性論第三巻――道徳について』、伊勢俊彦、石川徹、中釜浩一訳、法政大学出版局、二〇一二年

ヒュームにかんして、道徳論や人格の問題を含め、より一般的に知りたいという方は、次の本が好適であると思われる。

・泉谷周三郎『ヒューム』、研究社出版、一九九六年

・杖下隆英『ヒューム』、勁草書房、一九九四年

前者は、ヒュームの生い立ちを含め、より幅広いヒューム像を描写している。後者は、ヒューム哲学でも特に重要なトピックにしぼり、立ち入った議論をみることができる。

二〇一八年の段階で、因果論を包括的に扱っている日本語の文献は、悲しいほどに少ない。特に因果論について興味をもち、勉強しようとしている人で、日本語で読みたいという人は、次のものにあたってもらえるのがよいと思う。文体も平明でわかりやすい。

・スティーヴン・マンフォード、ラニ・リル・アンユム『哲学がわかる　因果性』、塩野直之、谷川

卓訳、岩波書店、二〇一七年

現代的な因果論について、さらに知りたいという人は、次の文献にあたってほしい。これは英語になってしまうが、難解な表現や文は少なく、英語の論文や著作を読むよい訓練にもなる。無論、語学力という観点だけでなく、哲学的に読まれるべき価値を今なお十分にもつ重要文献であることにはかわりはない。すべての章の議論が、現代的な因果論のベースとなっている。

・Ernest Sosa and Michael Tooley (eds.) *Causation*, Oxford University Press, 1993

上の文献より、さらに最近の議論を含み、視野の広いものには、次のものがある。上の文献にくらべると、テーマが幅広いぶん内容は概論的であり、ある立場を一貫して擁護・批判するものではない。そこで自分の関心のある（因果論についての）分野について、深く知ろうという人には、少々物足りないかもしれない。しかし、さまざまな学問（量子力学、生物学、法学…）における因果性、そして因果性に密接にかかわる概念（法則性、還元、機械論）について、一冊でまとめて読むことができる。

・Helen Beebee et al (eds.) *The Oxford Handbook of Causation*, Oxford University Press, 2009

また、自由意志論や行為論について知りたいという人は、以下の文献を参照されたい。二〇世紀以降に活躍した一流の哲学者による主要な論文を集めたものであり、それでも比較的理解しやすい内容になっている。上掲の Causation もそうだが、現代の自由意志論、行為論の潮流を作り上げた議論の多くを含んでいる。

・門脇俊介・野矢茂樹編『自由と行為の哲学』、春秋社、二〇一〇年

また、ストローソン流の自然主義的考えから出発しつつ、現代の自由意志論や行為論を検討している好著として、次の著作が勧められる。議論は専門的であり、初学者がいきなり手にとるのは少し無理があるかもしれないが、前述の論文集を読んだあとであれば、スムーズに理解することができるはずである。

・成田和信『責任と自由』、勁草書房、二〇〇四年

第6章……言葉と世界

佐野　泰之

はじめに――言葉のない世界

田村隆一という詩人が出版した『言葉のない世界』という詩集がある。そこに収録された「帰途」という詩の一部をまずは読んでみていただきたい。

言葉なんかおぼえるんじゃなかった
言葉のない世界
意味が意味にならない世界に生きてたら

どんなによかったか
あなたが美しい言葉に復讐されても
そいつは　ぼくとは無関係だ
きみが静かな意味に血を流したところで
そいつも無関係だ

あなたのやさしい眼のなかにある涙
きみの沈黙の舌からおちてくる痛苦
ぼくたちの世界にもし言葉がなかったら
ぼくはただそれを眺めて立ち去るだろう

この詩は言葉と「言葉のない世界」の間にある奇妙な関係を浮き彫りにしている。私たちが普段当たり前のように用いている言葉という道具は、「復讐される」、「血を流す」といった暴力的なメタファーによって一種の凶器へと変貌し、そのような凶器がもたらす暴力とは無縁だったはずの「言葉のない世界」への郷愁を私たちのうちに呼び起こす。しかし、この郷愁は絶えず「言葉なんかおぼえるんじゃなかった」という後悔につきまとわれている。そもそも私たちが「言葉のない世界」への郷愁を抱くことができたのは、詩人がそれを言葉によって私たちの前に開示したからであった。その意味では、「言葉のない世界」そのものが他ならぬ言葉の産物なのである。おそらく詩人当人がこの逆説を誰よりも理解していた。彼は別の詩の中でこう綴っているからだ。

言葉のない世界を発見するのだ　言葉をつかって

物や世界というものは、私たちとは無関係にそれ自体として存在していて、私たちがそれをどのようなものであると考えようとそのありようは変わることはない。こうした常識的な考え方に対して、物や世界は実は私たちの心の中にある「観念（idea）」にすぎず、私たちがそれについて考える限りにおいてしか存在しないという考え方がある。哲学の専門用語で「観念論（idealism）」と呼ばれる考え方だ。カナダの哲学者イアン・ハッキングは、この観念論という考え方を少し捻って「言語的観念論（linguistic idealism）」という考え方を提示した。[1] この考え方は、ルートヴィヒ・ウィトゲンシュタインが『論理哲学論考』という著作の中で述べた「私の言語の限界は、私の世界の限界を意味する」という命題から着想されている。観念論が、物や世界は私たちがそれについて考える限りにおいてしか存在しないと考えるのに対して、言語的観念論は、物や世界は私たちがそれについて語る限りにおいてしか存在しないと考える。

観念論が「世界とは私にとっての世界でしかないのではないか。私が死んだら世界そのものも消え去ってしまうのではないか」といった素朴な疑念にその一つの根をもっているとすれば、言語的観念論は田村の詩が私たちに感じとらせるような逆説のうちにその根をもっていると言える。それは、観念論と同様、私たちの常識的な考え方には反しているかもしれないが、必ずしも荒唐無稽というわけではない。二〇世紀の哲学の最も大きな成果の一つは、私たちが言葉とは無関係に成立していると思っている多くの事象が、実際には私たちの言語活動と密接な関わりをもっているということを明らかにしたことであった。言葉とは、言葉に先立って、言葉とは無関係に存在する物や世界を単純に指し示したり写し取ったりする道具ではない。むしろ、言葉こそが私たちの前に世界を言葉を超えた実在として浮かび上がらせるのである。本章では二〇世紀の哲学の流れを概観しながら、言葉と世界の関係をめぐるこのような問題について考えてみたい。

1　言語論的転回

言語をめぐる哲学的思索の歴史は哲学そのものの歴史と同じくらい古い。たとえば、西洋哲学の源流の一人とされる古代ギリシアの哲学者プラトンは、『クラテュロス』という作品の中で名前と事物の結びつきという問題を論じているが、これは最古の哲学的言語論の一つに数えることができる。しかし、言語という主題が哲学の多様な関心事の中の単なる一関心事であることをやめて、哲学の中心的問題という特異な地位を獲得するに至ったのは二〇世紀に入ってからのことであった。その変化は「言語論的転回（linguistic turn）」としばしば称される。

言語論的転回という用語は、今日ではさまざまな思想的潮流の内部で生じた多様な変化を名指す多義的な言葉としても用いられるが、狭義においては、二〇世紀に英米圏を中心に展開され、今日における哲学の主流を占める「分析哲学（analytic philosophy）」と呼ばれる哲学の一派が、二〇世紀前半に言語の分析を哲学の中心的方法として採用するに至った一連の経緯を指すために用いられる。そのような仕方でこの言葉を最初に用いたのは、オーストリア出身の哲学者グスタフ・ベルクマンである。その後、のちに二〇世紀アメリカを代表する哲学者の一人となるリチャード・ローティが一九六七年に同名の論文集を編纂・刊行したことでこの言葉は広く認知されるようになった。ローティは同書の序文で、言語論的転回を経た哲学をベルクマンにならって「言語論的哲学（linguistic philosophy）」と呼び、それを次のように定義している。

私は「言語論的哲学」という言葉によって、哲学的問題とは、言語を改良するか、私たちが今用いている言語をよりよく理解することによって解決（ないし解消）されるであろう問題である、という見解を意味することにしたい。[2]

ここでは「言語論的哲学」の名のもとで、「言語を改良する」ことを目指す立場と「私たちが今用いている言語をよりよく理解する」ことを目指す立場という二つの異なる哲学的立場が一括されている。前者は、一九二〇年代から三〇年代にかけて「ウィーン学団」を名乗る科学者・哲学者のグループによって推進された「論理実証主義（logical positivism）」ないし「論理経験論（logical empiricism）」と呼ばれる哲学的運動のことである。後者は、一九四〇年代から五〇年代にかけてギルバート・ライルやジョン・ラングショー・オースティンといったイギリスのオックスフォード大学に属する人々によって有名になった「日常言語哲学（ordinary language philosophy）」と呼ばれる立場のことである。両者はいずれも、従来の哲学的問題の多くは日常言語の混乱した使用に由来すると考え、論理実証主義は厳密な論理形式をそなえた人工言語ないし理想言語を新たに考案することで、日常言語哲学は日常言語をより精緻に分析することでそれらの問題を解決ないし解消しようとした。以下ではまず、分析哲学の原点であり、その後の分析哲学の展開を決定的に方向づけることになった論理実証主義の考えをより詳しく見てみよう。

論理実証主義の真理観（1）——分析的命題

論理実証主義の運動の形成に寄与した出来事として、量子力学や相対性理論に代表される二〇世紀の物理学の目覚ましい発展や、アルフレッド・ノース・ホワイトヘッドとバートランド・ラッセルが

『数学原理』(一九一〇—一三年)で成し遂げた数理論理学の革新などが挙げられる。しかし、それらにも増して重要だったのが、ウィトゲンシュタインの『論理哲学論考』(一九二一年)である。この著作において、ウィトゲンシュタインは従来の哲学の諸問題を言語の論理的分析によって解消するという独創的な哲学観を提示し、ウィーン学団に大きな影響を与えた。

ウィトゲンシュタインは同書で命題を次の三種類に分類した。事実について何らかの情報を述べており、それゆえ事実と照合することで真偽が定まる有意味な命題、事実について何も情報を述べておらず、それゆえ事実とは無関係に真偽が定まる無意味(sinnlos)な命題、命題のように見えるが実際には命題とは言えず、真偽を定めることのできないナンセンス(unsinnig)な命題である。ウィーン学団の人々は、ウィトゲンシュタインのこの分類を彼らなりの仕方で受け継いだ。彼らの考えでは、有意味な命題とは、「冷蔵庫の中に昨日買った牛乳がある」のように、経験的に真偽を確かめることができる命題(これを「経験的」あるいは「総合的」な命題と呼ぶ)のことであり、物理学や生物学をはじめとする経験科学の諸命題はここに含まれる。次に無意味な命題とは、「独身者は結婚していない」のように、経験とは無関係に論理形式と語の意味のみによって真偽を定めることができる命題(これを「分析的」な命題と呼ぶ)のことであり、論理学や数学の諸命題はここに含まれる(その点で、「無意味」な命題は文字通りの無意味というわけではない)。最後にナンセンスな命題とは、「タマは二で割り切れる」のように、真であるとも偽であるとも言えないような命題のことであり、伝統的な形而上学の諸命題の大部分がここに含まれる。

こうした命題の分類に関するウィトゲンシュタインの議論の中で、ウィーン学団の人々に強いインスピレーションを与えたと思われるものの一つが、論理学の真理をトートロジー（同語反復）とみなすという考えである。トートロジーとは、簡単に言えば、どのような経験が与えられても真となる命題のことである。ウィーン学団の人々は論理学の命題がそのような命題になる理由を、論理学の真理は人間が取り決めた記号表現上の規約を表しているからだと考えた。このような考え方を「規約主義（conventionalism）」と呼ぶ。論理実証主義は、それが論理経験論とも呼ばれることから窺えるように、あらゆる知識は経験に由来するという経験論の伝統的発想を受け継いでいた。そのような立場をとる際に懸案となるのが、論理学の命題のように経験とは無関係に必然的に（哲学の専門用語で言えば「アプリオリ」に）成り立っているように見える命題をどのように位置づけるかという問題である。従来この問題をめぐっては、ジョン・スチュアート・ミルのように、論理学の真理を経験を最高度に一般化・抽象化することによって得られる帰納的真理の一種とみなす経験論的見解と、ゴットロープ・フレーゲのように、経験を超越した叡智界のような領域に存在する即自的な論理法則を反映したものであるとみなすプラトニズム的見解が大きな対立軸を形作っていた。しかし、ウィーン学団の人々は規約主義の立場をとることで二つの見解の間の隘路を抜けようとした。すなわち、プラトニズムのように経験を超越した実在を独断的に措定することなく、経験に左右されない分析的真理の領域を確保しようとしたのである。

論理実証主義の真理観（2）――経験的命題

ウィーン学団の人々の目標は、学問的に有意味な命題同士の間に存在するさまざまな構成的関係を発見し、それらを反映した人工的な記号体系を構築し、それによって一つの統一的な知識の体系、すなわち「統一科学」を打ち立てることだった。そのために彼らは、言語の論理的分析によって無数の命題の中から真偽を定めることのできないナンセンスな命題を識別し、そのような命題を学問的言説から排除することを目指した。そのようなナンセンスな命題の中には、「神は存在する」とか「世界の根源は無意識である」といった伝統的な形而上学の諸命題の大部分が含まれていた。

ウィーン学団の人々が学問的に有意味とみなした命題のうち、分析的命題の位置づけについては先ほど確認したので、次に経験的ないし総合的命題の位置づけを見てみよう。一口に経験に依拠した命題と言っても、その内容は一様ではない。単純な観察事実について述べただけの命題もあれば、物理法則のように複数の観察事実を考慮したうえで導き出される事実について述べたより高度な命題もある。これらの命題間の関係をウィーン学団の人々がどのようなものとして思い描いていたかは、一九二九年に発表されたマニフェスト「科学的世界把握」の次の一節に見て取ることができる。

各々の科学的言明の意味は、所与についての言明へ還元することによって与えられなければならない。それゆえ、どの科学分野に属していようとも、各々の概念の意味もまた、別の概念、すなわち所与そのものと関係する最も低次の概念へ、一歩一歩還元することによって与えられなければならない。すべての概念にこのような分析がなされたとすれば、諸概念は一つの還元体系、すなわち「構成体系(Konstitutionssystem)」に組み入れられるだろう。このような構成体系を目的とした研究、すなわち「構成理論」によって、科学的世界把握の論理的分析を用いるための枠組みが形成される。〔…〕構成理論の研究が示すように、概念の構成体系の最下層には、自己の心に関する体験と性質の概念が属しており、次いでその上に物理的対象が位置づけられる。そこから他人の心に関する事柄が、そして最後に社会科学の対象が構成される。(3)

ここから窺えるように、ウィーン学団の人々は、「所与」を表現する最も単純な命題(彼らはそれを「プロトコル命題(Protokollsatz)」と呼んだ)を基礎として、その上にそれらの命題の組み合わせとして物理学、生物学、さらには社会科学に属するより高度で複雑な命題が積み上げられた一つの巨大な建築物のようなものとして知識を思い描いていた。ここで当然問題となるのが、「所与」とは一体何かということである。当初有力だったのは、所与を「感覚与件(sense datum)」とみなす見解である。感覚与件とは、たとえば白いチョークを手にとって眺めているときに私に与えられる白さや硬さの感覚のように、一切の判断を加えられていない対象の生まの感覚的現れのことである。「これは白いチョークである」といった判断は誤ることがある（それは光の加減で白く見えているだけで実際には別の色かもしれない、あるいはチョークのような見かけをしたお菓子かもしれない）が、そうした判断の当否にかかわらず、私に白さや硬さの感覚与件が与えられているということは絶対に確実なことであり、それゆえ感覚与件について述べた命題こそがプロトコル命題にふさわしいと考えられた。しかし、感覚与件とは、その定義に従えば個人の内部で体験される私秘的な現象にすぎず、そこからどうやって万人に確かめうる科学の命題を導き出せるのかという点が大きな問題だった。ウィーン学団の一員だったオットー・ノイラートは、感覚与件ではなく事物について述べた命題をプロトコル命題とみなすことを提案したが、それは科学の基礎をなすプロトコル命題そのものを修正可能なものとみなすという重大な帰結を招く提案であった。このように、論理実証主義は、その目標を突き詰めていくにつれてさまざまな問題に直面し始めたのだった(4)。

2　論理実証主義への批判

このような流れの中で、一九五〇年代に論理実証主義の土台を決定的に切り崩す二つの重要な論文が発表される。ウィラード・ヴァン・オーマン・クワインの「経験論の二つのドグマ」(一九五一年)と、ウィルフリッド・セラーズの「経験論と心の哲学」(一九五六年)である。

クワインの全体論

クワインは「経験論の二つのドグマ」の中で、第一節で見た分析的命題と経験的命題の区別、すなわち、何らかの事実と照合せずともその文に含まれている語の意味のみによって真偽が定まる命題と、単に語の意味を考慮するだけでなく事実と照合しなければ真偽が定まらない命題の区別を批判した。クワインは、ウィーン学団の一員であるルドルフ・カルナップが試みていた、形式言語を導入することで分析的命題と経験的命題をより厳密に区別しようとする企てを批判的に検討し、分析性は前もって分析性の概念を想定するという循環抜きには定義することができず、それゆえ分析的命題を経験的命題から厳密に区別することはできないと指摘した。これは、数学や論理学の真理は経験とは無関係に成立するという、論理実証主義が規約主義の立場を採用することで保持しようとしていた前提を揺るがす主張であった。

クワインが代わりに提示するのは、知識についての「全体論(holism)」と称される考え方である。クワインがこの考えを表明した有名な一節に目を通してみよう。

私たちの知識や信念の全体は、地理や歴史といった偶然的な事柄から、原子物理学、さらには純粋数学や論理学の深遠な法則に至るまで、縁に沿うところだけが経験と接する人工の構築物である。あるいは、別の比喩を用いれば、科学全体は、その境界条件が経験である力の場のようなものである。周辺部における経験との衝突は、場の内部での再調整を引き起こす。いくつかの言明に対して真理値が再配分されなければならない。ある言明の再評価は、言明同士の論理的な相互連関ゆえに、別の言明の再評価を伴う——論理法則もまた、体系に属するまた別の言明、場に属するまた別の要素にすぎない。一つの言明が再評価されたときは、他のいくつかの言明も再評価しなければならないが、それは最初の言明と論理的に連関した言明であるかもしれないし、論理的連関それ自体についての言明かもしれない。しかし、場の全体はその境界条件すなわち経験によっては不十分にしか決定されないので、対立する経験を一つでも考慮に入れた際にどの言明を再評価すべきかについては大きな選択の余地がある。どの特定の経験も、全体としての場に作用する均衡を考慮することで間接的に特定の言明に結びつくという場合以外に、場の内部の特定の言明と結びつくことはないのだ(5)。

ここで述べられているように、クワインの考えでは、私たちがもっている知識や信念(それは命題の形で表すことができるとする)は決して一つ一つ単独で経験と照合されることはない。それらは常に他の信念との整合性を考慮に入れながら、言い換えれば信念のネットワーク全体として検証されるのである。この発想は、トーマス・クーンの言う科学革命の例を考えてみるとわかりやすい。惑星の運行周期がこれまでの天動説の予想に従っていないことが観測された場合、人はそれを観測の誤差とみなしたり、補助仮説を考え出すことで天動説を維持することができる。しかしそうする代わりに、人は地動説という全く新しい理論を考え出すことで天文学の理論全体を刷新することもできる。このように、ある経験が与えられた際に知識の体系がどのように再編成されるかは一意には決定されえない。このような知識観を徹底化することで、クワインは不動の真理と考えられてきた論理法則すらも経験によって修正される可能性を示唆したのである。

セラーズの「所与の神話」批判

ウィルフリッド・セラーズは、「経験論と心の哲学」の中でクワインとは別の観点から論理実証主義の前提を批判した。セラーズの批判は、彼が「所与の神話」と呼ぶ一連の考えに向けられている。「所与の神話」の核心にあるのは、いかなる推論も経ることなく、言い換えればいかなる他の知識も前提とすることなく、それ単独で獲得される知識——哲学者たちがしばしば「所与」と名指してきたもの——が存在し、それらが経験的知識の「基礎」を形作っているという考えである。セラーズが「所与」という言葉で想定しているものは極めて広く、命題的形式——「xはφである」のような形式——をもつ認知的経験から、ある種の感覚与件のように命題的形式をもたない非認知的経験までがそこに含まれており、そのすべてをセラーズは「神話」の産物として斥ける。

セラーズの「所与の神話」批判は互いに関連する複数の論拠に基づいてなされる。第一の論拠は、クワインと類似した、知識についての「全体論」的な見方である。たとえば、赤いものに対して「これは赤い」と判断するという一見すると単純な認知的経験であっても、それが成立するためには、自分が対象を見ているときの状況が対象の色を判別するのに適切な状況である（色つきの照明に照らされていないなど）といった多くの事柄を認知主体が知っていなければならない。セラーズはこのように、「所与」と称されているさまざまな種類の知識を詳細に検討し、それらはすべて他の知識に多かれ少なかれ依存していて、経験的知識の「基礎」という期待されている役割を果たしえないということを明らかにした。

第二の論拠は「知識」という概念の規範性である。セラーズは、ある出来事を「知識」と呼ぶことは、その出来事の身分を一定の認識論上の規範に従って評価することであり、そのような評価を全く伴わない単純な出来事の生起は「知識」とは呼びえないと考えた。たとえば、前述の「これは赤い」という認知的経験は、それだけではまだ「知識」ではない。私たちがその経験を、認知主体が「これは赤い」と発言するなど、人が一般に赤いものに対して向ける行動を遂行する理由とみなすときに、それは「知識」と呼ばれるのである。セラーズは、このようにさまざまな出来事が「知識」という名目でその中に位置づけられる正当化の脈絡を「理由の論理空間（logical space of reasons）」と名づけた。単に経験――認知的か非認知的かは問わない――をもつだけでなく、その経験を正当化の脈絡の中に置くことができるということが、成熟した人間を赤ん坊や動物から分かつ本質的な指標なのである。

第三の論拠は、「理由の論理空間」と言語の本質的な結びつきである。「所与」というものは一般に、認知的なものであれ非認知的なものであれ、それを経験している当人が特権的なアクセスをもつような何らかの内的出来事、言い換えれば直接的経験であると考えられている。しかし、セラーズはそのように最も直接的なものだと考えられている出来事が、少なくとも「知識」という身分を与えられている限りでは、言語によって媒介されていると指摘する。セラーズがそこで持ち出すのが、人間の心の中で生じている出来事を表現するための語彙を全くもたない言語（セラーズはそれをギルバート・ライルの議論を踏まえて「ライル的言語」と呼ぶ）を操っていた人類が、仲間たちの外面的行動を記述するための語彙を拡張して、「思考」や「感覚」といった内的出来事を表現するための理論的語彙を発明していくというもう一つの「神話」である。セラーズはこの神話によって、行動に理由を与えようとする人間の営みが、内的出来事を表現するための理論的語彙によってその実質を獲得していくということ、それゆえ「理由の論理空間」は言語と足並みを揃えて発達していくことを示そうとした。

3 解釈学的転回

論理実証主義の諸前提に対してクワインとセラーズが加えた批判はそれぞれ強力なものだったが、それらはいわば異なる戦線からなされた個別的な攻撃にすぎなかった。クワインの議論とセラーズの議論を互いに組み合わせ、両者を言語論的哲学のプログラムに対する根本的批判へと発展させたのは、第一節で触れたリチャード・ローティである。『哲学と自然の鏡』（一九七九年）の中で、ローティはクワインとセラーズの議論を、分析哲学と並ぶ二〇世紀哲学のもう一つの潮流である「大陸哲学（continental philosophy）」、中でもとりわけ「解釈学（hermeneutics）」の議論と結びつけ、従来の哲学とは全く異なる新たな哲学のプログラムを構想した。

「解釈学」という言葉は、ギリシア語のヘルメーネウエイン（説明する、告知する、明瞭にする）という語に由来する。この言葉は、一七世紀の神学者ヨハン・コンラッド・ダンハウアーによって聖書のような深遠かつ難解なテクストを正しく読み解くための技法を意味する用語として使用され、一九世紀にフリードリヒ・シュライエルマッハーによって他人の言葉一般を理解するための普遍的な方法論として練り上げられた。その後、二〇世紀にマルティン・ハイデガーとその高弟の一人ハンス・ゲオルク・ガダマーは、解釈という営みを人間のあらゆる活動に関わる本質的な営みとみなすことで、解釈学という概念により広範かつ根源的な意味を与え、さまざまな反響を呼び起こした。

ハイデガーと解釈学的循環

古典的な哲学理論においては、認識というものは、まず何の解釈も加えられていない生の素材が認識主体に与えられ、次いでその素材が認識主体による解釈を通してさまざまに意味づけられていく過程だと考えられてきた。第一節で紹介した「感覚与件」もそのような考えから生まれた概念の一つであると言える。

ハイデガーは『存在と時間』(一九二七年)の中で、認識についてのこの古典的な考え方に異を唱えた。ハイデガーの考えでは、私たちが経験するさまざまな事象は、はじめから何らかの実践的意味を帯びた「道具(Zeug)」として私たちの前に現れる。ある対象を前にしたとき、私たちは対象とともに自らを取り巻く全体的状況の中にすでに身を置いており(予持)、その中でどのような態度をとるかを決めてしまっており(予視)、それに応じて対象がどのような行動に役立ちうるかを把握している(予握)。その結果、たとえばチョークは授業中の教員に対しては〈説明〉のための道具として現れたり、暇を持て余した学生に対しては〈落書き〉のための道具として現れたりする。純粋な観察対象としてのチョークや、白さや硬さといった抽象的な感覚特性は、道具として実践的に把握されたチョークから二次的に派生したものにすぎない。

ハイデガーはさらに、対象をこのようにあらかじめ道具として保持しておくことはそれ自体が一種の発端的な解釈――ハイデガー自身の用語では「理解（Verstehen）」――であると考える。そして、固有の意味での「解釈（Auslegung）」とは、私たちが対象について暗黙裡に抱いているこうした理解を明示化していく作業であると考える。このような観点に立つならば、いかなる先入見からも自由な解釈というものは存在しない。

解釈とは、前もって与えられているものの無前提な捕捉では決してない。〔…〕差しあたって「そこにある」ものとは、解釈者がもつ討議を経ていない自明な先入見以外の何ものでもないのであって、そのような先入見は、一般に解釈とともにすでに「据えられて」いるものとして、言いかえれば、予持、予視、および予握のうちに前もって与えられているものとして、必然的に、解釈のあらゆる発端のうちに横たわっている。(6)

先入見という言葉には、啓蒙主義以来、「客観的な」判断を下そうとする際には斥けなければならない根拠のない思い込みというような否定的なイメージがつきまとってきた（読者の中にもそのようなイメージをお持ちの方は多いかもしれない）。しかし、ハイデガーの考えでは、日常的な活動においても学問的な活動においても、私たちは先入見を完全に捨て去ることはできない。私たちは「解釈」の遂行において、解釈されるべき当の事柄を常に前もって「理解」してしまっている（このような事態を「解釈学的循環」と呼ぶ)。したがって、解釈において重要なのは、先入見を排除しようとするのではなく、自分がもっている先入見を自覚したうえで解釈を遂行すること、言い換えれば、「循環のうちから脱け出る」のではなく「正しい仕方で循環のうちへと入り込む」ことなのである。(7)

ガダマーと言語の普遍性

私たちは、自分が経験するあらゆる事柄を明示的に「解釈」する以前にすでに「理解」してしまっている。ハイデガーはこの事実を、「存在論」という彼が企てる特殊な哲学的プログラムの一環として明らかにしたにすぎなかったが、ガダマーは『真理と方法』(一九六〇年)の中でそれを歴史的存在としての人間の根本的な経験様式として捉え直すことで、ハイデガーの議論の射程を大幅に拡張した。

ガダマーの議論の大きな特徴の一つは、彼が解釈を本質的に言語と結びついたものとして捉えている点である。この特徴は二つの観点から詳述することができる。第一に、ガダマーによれば解釈の遂行は言語的である。すなわち、解釈と言語の関係は、前もって言語とは無関係になされた解釈を言語が二次的に表現するといった関係ではない。解釈はそれ自体が言語によって遂行される言語的過程なのである。第二に、ガダマーの考えでは解釈の遂行と並んで解釈の対象もまた言語的である。解釈の対象がテクストである場合にはこれは当然のことだと言えそうだが、ガダマーが主張しているのはそれ以上のこと、すなわち、解釈の過程のうちに組み込まれうるあらゆる対象は言語的だということである。ガダマーは解釈を人間の根本的な経験様式であると考えているわけだから、この主張は、私たちが経験するあらゆる対象は言語的だと述べているに等しい。ガダマーのこうした見解は、「理解されうる存在は言語である」[8]という『真理と方法』の有名な一節のうちに要約されている。

問題は、「言語（的）である」という表現によってガダマーが何を言わんとしているかである。ガダマーは、言語の「外」に言語とは別の実在があるという考えを否定しているのだろうか。だとすれば、ガダマーの主張は冒頭で紹介した「言語的観念論」に類する常識外れの主張に思えてくるだろう。しかし、ガダマーの主張はより微妙なものである。ガダマーは決して実在という観念を単純に否定して「すべてが言語である」などと言おうとしているわけではない。ポイントは、ガダマーが実在と言語の関係を、互いに独立した二つの実体の関係として、すなわち、一方に言語から截然と区別される独立した実在が、他方に実在から截然と区別される独立した言語があり、それらが機会に応じて（つまり、私たちが実在を言語によって表現したりしなかったりするのに応じて）接したり離れたりするような関係として思い描いてはいないということである。ガダマーの考えでは、実在と言語は、彼が「言語への到来（Zursprachekommen）」と表現する一つの連続的過程の構成部分として相互に規定し合っている。

言語へと到来するもの（Was zur Sprache kommt）は、確かに、話された言葉（Wort）そのものとは別である。しかし、言葉が言葉であるのは、まさしく言葉の中で言語へと到来するものによってなのである。言葉が、それ自身の感性的な存在であるのは、ただ語られたことの中で自らを止揚するためである。逆に、言語へと到来するものもまた、言語なしにあらかじめ与えられたものではなく、言葉の中で自己自身の規定を受け取るのである。(9)

言語へと到来するもの（実在）が「言葉なしにあらかじめ与えられたものではなく、言葉の中で自己自身の規定を受ける」とは、実在は言語とは無縁なものとしてではなく、あらかじめ言語によって潜在的に分節化されたものとして（「チョーク」あるいは「黒板」として）私たちに与えられるということである。そして、「言葉が言葉であるのは、まさしく言葉の中で言語へと到来するものによってなのである」とは、言語が最も生き生きとした意味を獲得するのは、たとえば詩において見られるように、言語の中に実在そのものが姿を現しているかのように感じられるほどに言語が直接的に実在の表現となる（「語られたことの中で自らを止揚する」）ときである、ということである。

実在と言語がこのような相互的規定の関係に置かれているとすれば、私たちの経験のどこまでが実在の領分でどこまでが言語の領分であるかを明確に識別することは――不可能だとまで断定できるかどうかはさておき――少なくともふつう考えられているよりははるかに困難であるに違いない。ここに「理解されうる存在は言語である」というガダマーのテーゼを擁護する余地がある。そして、これまで見てきた言語論的哲学と解釈学の議論が合流するのは、まさしくこの実在と言語の区別に対する批判という点においてなのである。

「基礎づけ」の放棄

デカルトからカントを経て二〇世紀へと至る近代哲学の伝統においては、あらゆる知識に根本的な「基礎」を与えることが哲学の中心的な目的であると考えられてきた。デカルトやカントの時代には、そのような「基礎づけ」の試みは人間の「心」の研究という形をとっていた。「知る」ということは、心の「外」に存在する何かについての正確なイメージを心の「中」に作り上げる——哲学の専門用語で言い換えれば、実在を正確に「表象する」——ことであり、それゆえ、心がどのようにしてそのようなことを成し遂げることができるのかを解明することで、あらゆる知識に確実な「基礎」を与えることができると考えられたのである。

『哲学と自然の鏡』の中で、ローティは二〇世紀の言語論的哲学をこのような基礎づけの企ての後継者として位置づける。そして、言語論的哲学は、基礎づけのための探究をかつての「心」の研究から「言語」の研究へと置き換えたが、その際、哲学者たちを暗黙裡に支配してきた諸前提は相変わらず保持されているとローティは指摘する。そのような前提の一つが、心の「中」にある表象と心の「外」にある実在との区別であり、それが言語論的哲学においては言語と実在の区別へと受け継がれ、言語上の規約のみによって成立する真理（分析的真理）と言語と実在の対応によって成立する真理（経験的真理）の区別という論理実証主義の根本的前提を支えているのである。

しかし、分析的命題と経験的命題の区別に対するクワインの批判や、所与の神話に対するセラーズの批判、さらには解釈学的循環や言語の普遍性をめぐるハイデガーとガダマーの議論はいずれも、言語と実在の区別という考えそのものに異を唱えるものである。そこからローティは議論を大胆に飛躍させ、知識を根本的に基礎づけるという、近代哲学を支配してきたプログラムそのものが今日では失効を宣言されているのだと主張する。

ローティの考えでは、言語論的哲学において、知識の「基礎づけ」という企ては、「われわれの言語のどの部分が実在と連結していて、どの部分がそうでないか」を問うという企てとして現れる[10]。もし実在と連結している言語の部分が明らかになれば、そこが経験的真理の生息する場だということになるだろうし、そうでない部分が明らかになれば、そこが分析的真理の生息する場だということになるだろう。しかし、ローティの考えでは、私たちは自分が用いている言語の「外」に完全に抜け出て、言語と実在の関係を取り調べるなどということはそもそもできない。

〈道具としての言語という〉このアナロジーにものを言わせて、道具、すなわち〈言語〉をその使用者から分離できるとほのめかしたり、われわれの目的を達成するための〈言語〉の適合性を調べようなどとしないように気をつけなければならない。後者の思いつきは、〈言語〉を何か他のものと比較するために何らかの仕方で〈言語〉の外に出る方法があることを前提としている。しかし、言語を用いることなしに世界についてもわれわれの目的についても考えることはできないのである。自分の身体を鍛えることによって、それを発達させ強く大きくすることができるのと同じように、言語を用いることによって言語を批判したり拡張したりすることは可能である。しかし全体としての言語を何か他のもの、つまり、言語をそれに対して適用したり、言語がそれにとって目標達成のための手段となるような何か他のものとの関係において考えることはできないのだ。(11)

では、言語と実在の関係を明らかにすることで知識を基礎づけるという言語論的哲学の企てがそもそも不可能だとすれば、そのとき哲学の役割は一体どのようなものになるのだろうか。ローティは、そのとき哲学は「文化批評（cultural criticism）」や「文化政治（cultural politics）」と呼ばれる営みに接近していくだろうと予言する。すなわち、科学や歴史や芸術や政治といったさまざまな語彙を駆使する話者たちが繰り広げている、人生や社会や世界のありかたをめぐる一つの巨大な「会話」の中で、ある語彙が他の語彙とどのように関係しているかを明らかにしたり、何が実りある話題で何が不毛な話題なのかという問題を検討するといった作業を通して、人生や社会や世界について考えるためのより豊かな語彙を提供することこそが哲学の役割になるだろうとローティは見る。そのような作業の中で、近代哲学が夢見てきたような、すべての語彙を通約する一つの共通語彙だとか、会話を決定的に打ち切ってしまう議論の余地のない真理といったものを発見する希望はないし、そのような希望を抱くべきではない。会話のより豊かな継続こそが、哲学の唯一にして究極の目的なのだ。

おわりに――私たちは言語の囚人なのか？

本章で見てきたように、言語の分析を通して厳密な知識の体系を打ち立てることを目標に始まった言語論的哲学は、その根本的前提であった言語と実在という区別を揺るがされ、最終的に、言語と実在の関係について考えることそのものを断念すべきであるというローティの急進的な主張を導くに至った。このような主張によって、真理の探求という意味での伝統的哲学に引導が渡されるとローティは考えたわけだが、もちろん、私たちはローティのこの主張を必ずしも全面的に受け入れなければならないわけではない。言語と実在の関係という問題をめぐっては、今でもさまざまな論争が展開されている。

ローティの主張に対してしばしば向けられる批判の一つは、彼の主張が過激な相対主義を導くのではないかという疑義である。実在という観念は、私たちの知識の極めて重要な拘束条件であるとみなされてきた。私たちの知識が実在に由来する諸条件によって拘束されていないとすれば、私たちの知識は私たちの気まぐれに左右されるということになってしまうのではないだろうか。また、言語を超えた実在というものを想定することが許されないとすれば、異なる言語を用いる人々同士が意思疎通する可能性をどのように説明すればいいのだろうか。これらの問題を検討する余地はもはやないが、気になる読者はブックガイドを参考にさらに考察を深めてみてほしい。

注

（1） I. Hacking, *Why Does Language Matter to Philosophy?* Cambridge Unirsity Press, 1975, pp. 84f.〔イアン・ハッキング、伊藤邦武訳、『言語はなぜ哲学の問題になるのか』、勁草書房、一九八九年、一四〇―一四一頁〕

（2） R. Rorty (ed.), *The Linguistic Turn: Recent Essays in Philosophical Method*, The University of Chicago Press, 1967, p. 3.

（3） O. Neurath, *Wissenschaftliche Weltauffassung, Sozialismus und Logischer Empirismus*, Suhrkamp, 1979, pp. 90f.「科学的世界把握」の邦訳は、ヴィクトル・クラーフト、寺中平治訳、『ウィーン学団　論理実証主義の起源・現代哲学史への一章』、勁草書房、一九九〇年に付録として収録されている。

（4） クラーフト、前掲書、一一六頁以下を参照。

（5） W. V. O. Quine, *From a Logical Point of View: Nine Logico-Philosophical Essays*, Second Revised Edition, Harvard University Press, 1980［1953］, pp. 42f.〔W・V・O・クワイン、飯田隆訳、『論理的観点から――論理と哲学をめぐる九章』、勁草書房、一九九二年、六三頁〕

（6） M. Heidegger, *Sein und Zeit*, Max Niemeyer, 2006［1927］, p. 150.〔ハイデガー、原佑・渡邊二郎訳、『存在と

時間II』、中央公論新社、二〇〇三年、五二―五三頁〕

（7） *Ibid.*, p. 153.〔五八頁〕

（8） H-G. Gadamer, *Hermeneutik I: Wahrheit und Methode: Grundzüge einer philosophischen Hermeneutik*, Mohr, 1986, p. 478.〔ハンス＝ゲオルク・ガダマー、轡田收・三浦國泰・巻田悦郎訳、『真理と方法III』、法政大学出版局、二〇一二年、八一二頁〕

（9） *Ibid.*, p. 479.〔八一三頁〕

（10） R. Rorty, *Philosophy as Cultural Politics*, Cambridge University Press, 2007, p. 163.〔リチャード・ローティ、冨田恭彦・戸田剛文訳、『文化政治としての哲学』、岩波書店、二〇一一年、一九〇頁〕

（11） R. Rorty, *Consequences of Pragmatism*, University of Minnesota Press, 1982, p. xix.〔リチャード・ローティ、室井尚・吉岡洋・加藤哲弘・浜日出夫・庁茂訳訳、『プラグマティズムの帰結』、ちくま学芸文庫、二〇一四年、三四頁〕

おすすめ書籍

本章で取り上げた「言葉と世界」の問題をより深く理解するための参考文献を紹介する。

まず、分析哲学サイドの言語哲学全般に関心のある読者のための入門書として次の著作を挙げておく。

・服部裕幸『言語哲学入門』、勁草書房、二〇〇三年

・W・G・ライカン『言語哲学――入門から中級まで』、荒磯敏文・鈴木生郎・川口由起子・峯島宏次（訳）、勁草書房、二〇〇五年

・飯田隆『言語哲学大全』、勁草書房、全四巻、一九八七―二〇〇二年

いずれもフレーゲ、ラッセル以降の分析哲学系の言語哲学を扱った定評ある入門書であり、すべて読み通せば言語哲学の全体像をかなりの程度まで把握することができる。服部→ライカン→飯田の順に分量と難度が増していくので、この順に読み進めていくとよい。

入門書で概要を理解したら、実際に哲学者たちの書いた論文を読んでみるべきだろう。言語哲学史上の有名な論文の邦訳が次の書籍にまとめて収録されている。

・松阪陽一（編訳）『言語哲学重要論文集』、春秋社、二〇一三年

個別の話題や哲学者に関心のある読者には、それぞれ次の著作をすすめたい。

・ヴィクトル・クラーフト『ウィーン学団——論理実証主義の起源・現代哲学史への一章』、寺中平治（訳）、勁草書房、一九九〇年

第一節で紹介した「論理実証主義」についての解説書。論理実証主義のマニフェストである「科学的世界把握——ウィーン学団」という文書も収録されている。一般に、論理実証主義は分析哲学の発展の中で乗り越えられた過去の思想とみなされているが、論理実証主義以降の分析哲学者たちの議論の中には、論理実証主義のことをある程度知らなければ理解できないような論点が多々含まれている。単なる思想史の勉強としてだけではなく、今日の分析哲学を深く理解するためにも読んでおきたい一冊だ。

・丹治信春『クワイン——ホーリズムの哲学』、平凡社ライブラリー、二〇〇九年

・W. A. deVries, T. Triplett, *Knowledge, Mind, and the Given : Reading Wilfrid Sellar's Empiricism and the Philosophy of Mind, Including the Complete Text of Sellar's Essay*, Hackett, 2000

第二節で紹介したクワインとセラーズについての解説書。セラーズについては残念ながら日本語で手軽に読める解説書はないが、英語で「経験論と心の哲学」の詳細な注解書が刊行されている。英語が読める読者はこれを参考にセラーズの論文に挑んでみるとよい。

・ジャン・グロンダン『解釈学』末松壽・佐藤正年（訳）、白水社、二〇一八年

・冨田恭彦『ローティ――連帯と自己超克の思想』、筑摩書房、二〇一六年

前者は、第三節で紹介した「解釈学」についての解説書。シュライエルマッハーからディルタイを経てハイデガーとガダマー、さらにはローティへと至る解釈学の流れがコンパクトにまとめられている。その中でもローティについて詳しく知りたい読者は後者の書籍を併せ読むとよい。

最後に、本章の「おわりに」で挙げたいくつかの問いについてさらに考えてみたい読者には次の著作をすすめたい。われわれは言語の外に出ることはできないというローティの主張に対して、「実在論」の対場から刺激的な反論がなされている。

・ヒューバート・ドレイファス、チャールズ・テイラー『実在論を立て直す』、村田純一・染谷昌義・植村玄輝・宮原克典（訳）、法政大学出版局、二〇一六年

第7章……知識と懐疑

松枝　啓至

はじめに

本章のテーマは「知識」と「懐疑」である。[1] この二つの言葉はいわゆる「哲学」という営みとどのように関わるだろうか。そして両者はどのように関係し合っているだろうか。まず「知識」とは何だろうか。私たちはこの世に生まれ、成長し、年老いていく中で、ものごとについて様々なことを学び知っていく。学び知る対象はいろいろで、日常生活に関わる事柄、人間関係に関わる事柄もあれば、自然科学や人文科学といった学問的なものもあるだろう。そしてそれらをどのように知るかという点でもいろいろな形がありうるだろう。自分自身で体験・経験したりすることもあれば、他人から伝え聞いて教わったりすることもあり、書物を読んだりして知っていくこともあろう。私たちはそのようなものをざっくりとひとまとめにして「知識」と呼んでいるが、これは体験・経験や推論によって得られた、ものごとについて私たちが正しく知りえたこと・認識できたことのすべて、と言えよう。そしてそのようにして得た知識をもとに、何事かを成したり、さらなる知識を手に入れたりするわけである。

このような「知識」と呼ばれるものは、「哲学」という営みとどのように関わるだろうか。「哲学」という日本語はそもそも、西周（一八二九―一八九七年）という明治初期に活躍した啓蒙思想家が『百一新論』（一八七四年）という書物の中で、西洋語の「フィロソフィア（philosophia）」の訳語として新たに造りだした言葉である。そして語源であるこの「フィロソフィア」という西洋語は、もとは古代ギリシア語の「愛（philos）」と「知恵・知識（sophia）」という二つの言葉を合成したものである。つまり「知恵・知識を愛すること」が「哲学」という言葉の原義であり、「哲学」という営みそのものにこの「知識」というものが必須のものとして備わっているのである。つまり平たく言えば、上記のようにこの世の様々な事柄に関して、体験・経験や推論・判断を通じて様々に正しく知り・学ぶという営みそのものが「哲学」することなのである。

それでは本章のテーマに含まれるもう一つの言葉、「懐疑」というものは「哲学」とどう関わるのか、そして「知識」とはどのように関係してくるのか。ここでポイントとなるのは、先にざっくりと

「知識」の定義を述べた際に出てきた、「正しく知りえたこと・認識できたことのすべて」の中の「正しく」という言葉である。つまり私たちがものを学び知る場合、その内容が正しくなければ意味がない。つまり正しくないもの・間違ったもの・見当違いのものをいくらかき集めたところで、それらを知識とは呼べないだろうし、何事かを成すことの役には立たないであろうし、新たな知識の探求にとって躓きの石となりかねない。したがって、私たちがものごとを「知る」という時には、どのような条件がそろっていないといけないのか、すなわちものごとを正しく知るとはどういうことなのかも「知って」おくことが必要となるだろう。実際に「哲学」の営みの歴史を紐解けば、様々な対象についての具体的な知識・知恵が探求されると同時に、そもそもそのような知識・知恵一般はいかなるものであるのかも、程度の差はあれ、どの時代においても探求されてきたのである。

そしてそのような探求を行っていく上で重要なのが、まさしく「懐疑」、つまり「疑う」ということである。たとえば私たちは一旦「知識」を手に入れても、ある時何かがきっかけとなって、それまでに学び知ったことに対して何らかの疑いの目を向けることがある。つまりこれまで手に入れた知識が実際は知識ではなく、単なる思い込みだったり、間違っていたりしているのではないか、と疑うわけである。このように知識に対して疑うということは、ものごとを正しく知り、確実な知識を手に入れるということと表裏一体を成している。つまり、その知識の正しさが確実であれば、言い換えればその知識がきちんと正当化されていれば、それについて疑うことはないだろう。「正しく知ること」・

「知識を得ること」の吟味（つまりこれも「哲学」の営みであるのだが）のために、「懐疑」・「疑うこと」は欠かせないものなのである。

このように何らかの特定の学問をやっていく上で、すなわち「知の探究」という営みそのものにおいて、上記のような「知識と懐疑」というテーマは避けては通れないものだろう。そのようなテーマは現代の哲学においてはいわゆる認識論（epistemology）あるいは知識論（theory of knowledge）と呼ばれる分野で論じられている。本章ではとりわけ、「懐疑」にまつわる哲学的問題を扱っていくことを通じて、「知識」についての理解を深めていくことを試みたい。そこで注目したいのが、認識論および知識論の分野で、伝統的にも現代の議論においても、重要な論点の一つとなっている、「哲学的懐疑論」の問題である。ここでの「哲学的懐疑論」とは、あらゆる事柄について疑うことが可能であり、私たちが有しているほとんどすべての知識は、疑いの目を向けていけば最終的な根拠がはっきりしない、つまり完全に正当化できないものであり、そもそも知識を獲得すること自体不可能であると主張する立場である。もしこの主張をまともに受け止めれば、私たちが今現在手に入れていると考えている知識の総体がすべて価値のないものとなってしまうだろう。したがってこのような哲学的懐疑論の主張にはまともに耳を傾けないのが普通である。ただしこのような懐疑論者の主張を無視することは簡単であるが、知的に誠実であろうとすれば、このような哲学的懐疑論に対して何かしら応答する、あるいはそのような極端な懐疑を回避する術を考察すべきかもしれない。そしてこの懐疑論について考察を深めることで、どのような事柄について正しく真であると信じてよいのか、逆を言えばどのような事柄について疑いの目を向けるべきかを考え直してみるのも一興である。

そのようなことについての考察は伝統的にもいろいろな形でなされてきた（以下本章ではそのような議論の幾つかを取り上げて論じていく）。また現代の現実的問題であれば、たとえば自然科学研究における理論・観察・実験はどのような条件がそろえば充分正しいものとして認められるのか、あるいは裁判においてどのような証拠がそろえば有罪と（もしくは無罪と）認められるのか、という問題などに最終的につながっていくだろう。あるいは二〇一六年のアメリカ大統領選挙などで注目されたいわゆる「フェイクニュース」に関わる問題も、「知識と懐疑」について考察する材料の一つになるかもしれない。本章を読み終えた後で、そのような諸問題について自分なりに考察してみるのも充分に「哲学の営み」となろう。先述したように本章では、「哲学的懐疑論」に関わりのある議論を取り上げていくが、基本的には哲学史の流れを追いながら論じていく。つまりまずはいわゆるヘレニズム期の古代懐疑主義を紹介し、懐疑論の最初の形を考察してみる。次に一七世紀に活躍したデカルトの思想に現れる、「方法的懐疑」と呼ばれる思考プロセスを考察してみよう。そしてこのデカルトの「方法的懐疑」については、ウィトゲンシュタインなどの現代の認識論における議論も援用しながら、批判的に吟味していきたい。

1　古代懐疑主義

これからいわゆる「哲学的懐疑論」について考察していくことを通じて、「知識」についての理解を深めていきたいが、「懐疑」というやり方そのものは哲学の歴史の始まりから広く散見されるものである。たとえば哲学という営みが誕生した古代ギリシア時代、著名な哲学者は枚挙に暇がないが、特にその代表者の一人として、ソクラテス（前四六九―三九九年）の名を挙げることができよう。ソクラテスはアテナイ市民たちと様々な事柄について議論したが、彼がとりわけ関心を持っていたのは、「徳とは何か」である。ここで言う「徳」とは、人がそれによってその人自身として善い人になる（魂において）ものであり、より具体的には「敬虔」「勇気」「節制」「正義」などといった徳目である。こういった「徳」についての知識、つまり「善悪」についての知識を得ることによって、ソクラテスは「善く生きること」を目指した。そしてそのような知識を探求する際に様々な人々と対話を重ねていくわけだが、その時に相手の意見を鵜呑みにせず、わずかでも疑問点があればそれを相手に投げかけていくという、「問答法」という手法を用いた。つまり知識の吟味のためには人々が持っている意見や信念について様々な形で疑問を持ち、そのような疑問に一つずつ答えを見出していく（必ずしも答えが見つかるとは限らないが）という作業が必要不可欠なのである。このようにものごとを疑うこと・疑問を持つことは知恵の探求において重要な要素であると言えるだろう。

さて本節で論じていく古代懐疑主義はいわゆるヘレニズム時代(アレクサンドロスの死去[前三二三年]からプトレマイオス朝エジプトの滅亡[前三〇年]までの約三〇〇年間)の思想の一つである。この時代の代表的な思想としては、ストア主義、古代懐疑主義、エピクロス派の原子論の三つを挙げることができる。ここで主に取り上げるのは古代懐疑主義である。そもそも懐疑主義とは、もともとは「考察する・探求する」を意味するギリシア語「スケプトーマイ」が語源である。この動詞が名詞化した「探求者・考察者(スケプティコイ)」は、本来哲学者一般を意味する言葉であった。しかしながらヘレニズム時代になると状況が少し変化し、探求を継続することそのものに価値を認める人々が出現してきた。そういう人々は探究を停止させてしまう原因がまさしくドグマであると考え、そのようなドグマに執着してしまう人々のことをドグマティコイ(独断論者)と呼んだ。これに対して彼らは自分たちのことをスケプティコイと称することになる。こういったことから、「スケプティコイ」という言葉は、あらゆる判断を避けてドグマに至ることなく探求を続ける人々のことを意味するようになった。哲学史上、最初の本格的な懐疑論者とされるのは、エリスのピュロン(前三六五—二七〇年頃)である。アリストテレス(前三八四—三二二年)とほぼ同時代の人で、アレクサンドロスの東征にも加わり、インドまで行ったとされている。ピュロンには著作がなかったので、彼の思想は弟子のティモンの著作(断片のみ現存)によって後世に伝えられた。ティモンによれば、ピュロンは無判断を徹底することによって無動揺の境地に到達できることを説いたようで、そのようにしてピュロンはドグマを提唱することに伴いがちな虚栄とは無縁の生活を送ったそうである。

このピュロンとティモンの後、懐疑主義の発展に貢献したのは、アカデメイアの第六代学頭、アルケシラオス（前三一五―二四〇年頃）である。アルケシラオスの批判的活動の標的は、ゼノン（紀元前三三五―二六三年）が創設した当時の代表的なドグマティスト学派、ストア主義だった。ストア主義は「自然のロゴスと同じロゴスによって生きること」を目指し（ここでの「ロゴス」とは、あらゆる時間を通じて、この宇宙・世界に存在するありとあらゆるものを規定しているもの）、その「ロゴス」を正しく知るために、私たちは「把握しうる表象」なるものを認識しなければならないとした（ここでの「把握しうる表象」とは、現実に存在しているものから生じ、しかも現実に存在しているものそのものどおりに心の中に刻みつけられるもの）。しかしアルケシラオスによれば、そもそも把握しうる表象なるものが存在しない、とされる。というのも、どんな内容の表象でも、どんなに明晰な表象でも、偽の表象となりうるからである。たとえば私たちは時々、現実と見まがうような非常にリアルな夢を見ることがあるが、その夢の中では私たちは様々な明晰な表象を受け取っている。もちろんその夢が覚めればそれらが偽の表象であったと判明するわけだが、そのような夢を見ているまさにその最中は、そのことに気づかずにそれらを真の表象として受け取ってしまっている。そういった点で私たちが今現在受け取っている表象が把握しうる表象であることを完全に確信することはできない。そしてストア主義の理論からすれば、そういった意味で把握しうる表象がありえないならば、認識も知識もありえない。となると、誤りを避けるために、つまり臆断を避けるために、いかなる表象にも同意せず、判断を保留（エポケー）しなければならない、ということになる。

アルケシラオスは直接ピュロンの教説を受け継いだものではなかったが、ピュロンの名の下にピュロン主義を興したのが、アイネシデモス（前一世紀頃）である。このピュロン主義の思想は今日、セクストス・エンペイリコス（二―三世紀頃）の著作を通して知ることができる。アイネシデモスは、人々をエポケーへ導くための主要な論証を整理して十項目にまとめた。それらは「エポケーの十の方式」と呼ばれる。これらに関しては、セクストス・エンペイリコスの『ピュロン主義哲学の概要』第I巻第一四章に記されており、ここでは参考にその一つ目のものを紹介しておこう。[3] 第一のものは「動物相互の違いに基づく方式」である。これは動物相互の違いのために、同じ事物に由来するからといって同一の表象が受け取られるわけではないことを示す議論である。つまり各種の動物の生まれ方の違いや、身体構造の違いによって、それぞれの動物が表象を受け取る諸情態は大きく異なる可能性があり、どれが正しい表象なのか確定することができないということである。たとえば目の前にバラの花束があるとして、それを人間が嗅ぐ時の匂い（表象）と、犬が嗅ぐ時の匂い（表象）は同じであろうか、違うとすればどちらが受け取る匂い（表象）が真のバラの匂い（表象）であろうか。そういったことを考慮に入れると、「動物の相違に応じて同一のものごとが似ていないものとして現れるとすれば、私たちは、存在する事物が私たちにどのようなものとして観取されているか、ということは言うことができても、それが自然本来的にどのようなものであるか、ということについては判断を保留することに」(三三―三四頁)なる。しかも先に指摘したとおり、人間の受け取る表象が、他の動物が受け取るものよりも正しいという保証はない。

またこのアイネシデモスの後、ピュロン主義の哲学者としてアグリッパ(アイネシデモスとセクストスの間に位置するが年代不詳)の名を挙げることができる。彼が考案したものとして、「エポケーの五方式」というものがある。ここではその中の三つを紹介しよう(これらも前掲の『ピュロン主義哲学の概要』第I巻第一五章に記されている)。一つ目は、「無限遡行に投げ込む方式」(七八頁)である。これは問題となっているものごとを確信させるために持ち出されたものが、また別の確信させるものを必要とし、さらにこの後者のものもまた別の確信させるものを必要とする、というようにして無限に遡り、結果としてどこから議論を始めればいいのか分からなくなって判断を保留することになる、というものである。つまり根拠づけの作業が無限に遡ってしまい、結局根拠づけそのものが成立しないという困難である。二つ目は、「仮設による方式」(七九頁)である。これは無限遡行を避けようとするために、何かあるものから出発しなければならないのだけれども、その何かは証明されず単に仮設として採用されたに過ぎないので、議論自体が疑わしいものになってしまう、というものである。つまりこれも最終的な根拠となるものがそれ自体堅固なものではないので、論証全体の確かさが失われてしまうという困難である。三つ目は、「相互依存の方式」（同上）である。これは、探求されているものごとを確立すべきものが、探求されているものごとに基づいて確信されることを必要とする場合に成り立つ。つまりこれはいわゆる「循環論法」と呼ばれるもので、証明したいことの根拠として持ち出されたものが、実はその証明したい事柄そのものに依拠してしまっていて、論証が成り立たなくなってしまうという困難である。ちなみにこれら三つの方式は合わせて「アグリッパのトリレンマ」と呼ばれる。つまりこれら三つとも何らかの知識を主張する際の正当化に関わる問題を鋭く指摘するものである。

このようなピュロン主義のように、あらゆる事柄に対して判断保留の態度を貫くことによって必ず無動揺の境地に到達できるか、という点は議論の余地があるかもしれないが、上記のような懐疑主義者たちのエポケーに導く議論は、私たちが通常行っている様々な知識の主張自体に幾つかの問題点があることを如実に示しているという点で非常に重要である。何らかの確実な知識あるいは真理を主張するためには、上記のような懐疑主義者たちの議論に対処する必要が生じてくる。次節ではあえて懐疑論的な議論に乗っかりながら、何らかの真理を主張することを試みた一例を取り上げてみよう。

2　デカルトの「方法的懐疑」

次に一七世紀に活躍したデカルト（一五九六―一六五〇年）の思想に見られる懐疑論について論じていこう。[4]その前にこの時代の思想的背景を確認しておくと、西洋ではルネサンス期以降、古代ギリシアの文献が次々とラテン語訳され、キリスト教文化においては排除されてきた古代ギリシアの哲学・思想が再発見された。西洋中世においてはセクストスの著作はほとんど知られず、懐疑論的な主張は、もっぱらキケロ（前一〇六―四三年）の『アカデミカ』という書物によって知られるだけだったようである。この状況が劇的に変化するのは、一五六〇年代にセクストスの書物のラテン語訳が出版され始めてからであり、セクストスの書物は、ディオゲネス・ラエルティオスの書物（『ギリシア哲学者列伝』）における懐疑主義的議論とともに、近代以降の認識論に大きな影響を与えることになる。[5]

デカルトが活躍した時代においても、懐疑主義は当時の思想界に大きな影響力を持っていた。たとえば一六世紀後半のモンテーニュ（一五三三―一五九二年）の場合は自身のキリスト教の信仰主義の足固めとして、懐疑主義的な議論を利用したが、デカルトはモンテーニュとは異なる仕方で懐疑主義的な議論を利用することになる。さてデカルトは彼の形而上学においてあらゆる学が拠って立つところの確固不動の土台を見出し、その土台の上に他のすべての学問を築き上げようと意図した。彼は

『哲学の諸原理』(一六四四年出版[ラテン語]、仏訳は一六四七年出版)の仏訳の序文において、「哲学全体は一本の樹のようなものであって、その根は形而上学であり、その幹は自然学であり、この幹から出ている枝は諸々の学問すべてであって、これらは三つの主要な学問、即ち医学と機械学、道徳とに帰着する」(AT, IX-2, 14)、と述べている。そしてデカルトが、あらゆる学の土台・根となる形而上学において、その第一の真理を見出すために用いたのが、いわゆる「方法的懐疑」と呼ばれる手法である。本節では特に『省察』(一六四一年初版[ラテン語])における「方法的懐疑」を確認して吟味していこう。

まずデカルトは第一省察の冒頭で、「いつか確固不動で永続するものを何か私が諸学問において打ち立てようと願うならば、根本からすべてを一生に一度は覆し、最初の土台から新たに始めるべきである」(AT, VII, 17)と述べている。そしてこの最初の土台を見つけるための方法として、「まったく確実で不可疑である、というものではないものに対しても、明らかに偽であるものに劣らず、気をつけて同意を差し控えるべきであって、それらの意見のすべてを拒否するためには、疑うことの何らかの理由を各々の意見の内に見出すならばそれで充分であろう」(AT, VII, 18)、という方針を採用する。つまり少しでも疑う理由があれば、それを偽なるものと見なして積極的に捨てていき、そういった疑いの果てに何か残るものがあるのかどうかを調べることになる。前節で確認したピュロン主義では、あらゆる事柄について疑いうるので、何ものも真であると判断しないということが良しとされていた。

逆にデカルトは、この懐疑主義的な議論を徹底的に行うことで、どのような疑いに付されても疑いきれないものがあるかどうかを探った。つまりどうしても疑いきれないものを見つけ出すための手段・方法として、「徹底的に疑う」という懐疑主義的な議論を利用したわけである。

このような疑いの手順を示した後、デカルトは具体的に懐疑を始めていく。デカルトはまず感覚から得られる知識に対して疑いをかける。「これら感覚は時々欺くということに私は気づいており、私たちを一度でも欺いたことのあるものを決して全面的には信用しないことが、分別のあることである」（同上）。つまり錯覚という現象が生じる、という理由で感覚から得られる知識・意見をすべて拒否することになる。確かに私たちは様々なことを見間違ったり聞き間違ったりした経験があり、そういった錯覚という現象が事実とは異なる誤ったものを示すものであるということを認識している。そういった点でデカルトが指摘するように、時として感覚が私たちを欺くことがあるということは確かであろう。ただしそもそも感覚が私たちを欺くということがわかるには、同一対象について異なる意見を持つだけでなく、一方が真で他方が偽、もしくは一方は確実で他方は不確実であるということが認識されていなければならない。このように認識されるためには、当の異なる意見だけではなく、それらの意見に関わる種々の意見もともに考慮されて、一方の意見が相対的に不確実、もしくは偽である、と判断されることが必要である。ここで比較・考慮されている諸々の意見は、デカルトの分類に従えば（外部）感覚から得られる意見であり、この種類の中での確実性の度合に応じて、真偽、確実・不確実が判断され、「欺かれる」という事態が生じる。しかしながらデカルトはさらに一歩進んで、（外部）感覚から得られる意見の内でこのような「欺かれる」という事態が起こることがあり、この事態は（外部）感覚から得られる意見のどれにでも起こりうるということから、この種類の意見をすべて拒否する。すなわち同じ種類に分類される意見の間での確実性の度合を順序づけるのではなく、それらの意見の内で最も確実なものでさえも誤りうるという可能性に賭けて、異なった種類の意見へと考察を進めるということになる。

次にデカルトが疑いをかけるのは、「他の多くの、同じく感覚から汲まれはするが、それについてまったく疑うことのできないもの」（AT, VII, 18）であって、具体的には、「今私がここにいること、炉の側に座っていること、冬着を身につけていること、この紙を手に握っていること、こういう類のこと」（同上）である。このような身体的感覚から得られる意見については、夢という現象を用いて懐疑を進めていく。たとえば私たちは正常な時であっても、夢の中では事実とはまったく異なったことを経験しうるし、さらには逆に覚醒している時とまったく同じ体験を夢の中でそれが夢と気づかずに体験したこともあるだろう。つまり今現実だと感じていることが、夢の中の出来事であるかもしれないのである。このことは現代的な話としては、いわゆるヴァーチャル・リアリティ（仮想現実）を扱ったSF映画（『マトリックス』（一九九九年）や『インセプション』（二〇一〇年）など）を見ていただければ理解できるだろう。あるいは論者の愛読書で夢野久作という大正から昭和初期にかけて活躍した作家が著した『ドグラ・マグラ』(一九三五年)という推理小説がある。なかなかに奇妙な物語で、記憶喪失中の主人公(と思われる人物)も、現実と幻想の区別が曖昧になり、次第に狂気に陥っていく。上記のような状況を考えることができるということを理由として、デカルトは方法的懐疑を遂行し、「覚醒と睡眠とを区別しうる確実なしるしはまったくない」(AT, VII, 19)と断定する。これによって身体的感覚に関わる意見も偽なるものとされ、現実はすべて夢であるという想定があえてなされることになる。

このように「私たちは夢を見ている」と想定したデカルトだが、感覚的世界全体が懐疑に付されたこの段階でも、数学が対象とするような単純で一般的なものの真理性は一旦認めようとする。しかしながらデカルトはさらに方法的懐疑を遂行し、数学的真理さえも疑おうとする。デカルトは「すべてを成しうる神が存在して、この神によって現に存在しているようなものとして私が創造された、という古い意見が私の精神に刻みつけられている」(AT, VII, 21)と述べ、この意見に基づき、数学的真理について疑いを差し挟む。つまり明証的な数学的認識においてさえも誤るように人間を創造することも神には容易である、とデカルトは想定し、数学的知識についても疑いを差し挟むのである(たとえば私たちは二足す三は五であると認識しているが、実際は二足す三は七が真実かもしれず、神がいたずら心で私たちを騙しているのかも)。以上のような方法的懐疑によって、人間の感覚的・知性的認識の対象がすべて懐疑に付されることになる。そして遂にデカルトは次のように宣言する。「結局、かつて真であると私が考えていたものの内には、それについて疑うことが、それも無思慮や軽率によってではなくて強力で考え抜かれた理由によって疑うことが許されていないようなものは何もなく、それゆえにまたそれらに対しても、何か確実なものを私が見つけたいと欲するならば、明らかに偽なるものに対するのに劣らず、気をつけて同意を差し控えるべきである、と私は認めざるをえない」(AT, VII, 21-22)。

続く第二省察の冒頭では、第一省察でたどった方法的懐疑の過程が簡単ではあるが再びたどられて、「何か確実なものを、あるいは他に何もないならば、少なくとも、確実なものは何もないというまさにこのことを確実なものとして私が認識するに至るまで、さらに先に進もう」(AT, VII, 24) ということになる。先に第一省察の方法的懐疑において経験されたことからは、「確実なものは何もない、ということの一つのこと」(同上) のみが真なるものとして残る。そうして次にデカルトはそのような考えを「私」はどこから知るのかと問い、それに対してまず神を持ち出すが、「私」自身がそういう考えの創作者でありうるという理由からこれを取り下げる。ここではじめて、「少なくとも私は何ものかであるのではないか」(同上) という問いが立てられる。すなわちそれまでの方法的懐疑においては懐疑者自身にとって外的な対象に関する意見に対して疑いが差し挟まれてきたが、ここではそのような懐疑を実行している懐疑者自身の存在へと目が向けられることになる。ここで問われている「私」とはいかなる身分のものなのか。すでに「私」は「私」が何らかの感覚器官を持つこと、そして何らかの身体を持つことを否定している（感覚的なものや物体・身体といったものの存在が疑われているから）。そして「私」は、「世界には、天空も、大地も、精神も、物体も何一つない」と説得したのではないか」(AT, VII, 25)と自らに説得している。ここでさらに、「それならば私もまたない、と説得したのではないか」（同上）と問われることになる。このような自らに説得するという行為を通して、このように行為している「私」の存在が表面化していく。そして、「決してそうではなく、私が何かを自らに説得したのなら、私があったということは確かである」（同上）と明言されることになる。

さらに、「誰かしらある、きわめて能力があってきわめて狡猾な欺瞞者がいて、故意に常に私を欺く」（同上）と想定したとしても、「彼が私を欺くならば、それゆえにこの私があることはまったく疑いのないことであって、彼は力の限り欺くがよく、しかし私が何ものかであると私が考えるであろう間は、私が無であるという事態を引き起こすことは決してないだろう」（同上）とされる。このように欺瞞者がどんなに欺こうとも、何ものにも同意しないと自らに説得している「私」の存在だけは、この欺瞞者もまったくの無にしてしまうことはできない。そしてデカルトは次のように結論する。『私はある、私は存在する』というこの命題は、私によって述べられ、または精神によって捉えられるたびごとに必然的に真である、と定められるべきである」（同上）。このようにして『省察』において第一の真理である「私はある、私は存在する」という命題が定立されることになる。このようにして「私は考える、ゆえに私はある」というデカルトの有名な命題が第一の真理として見出されることになったが、様々なものが疑われ不確実になっている状況からいまだ抜け出せているわけではない。デカルトはこの状況を脱するために次に「欺かない神」の存在を証明し（第三省察）、さらに外的世界の存在を証明していこうとする（第五・第六省察）。本章では紙幅の関係上、そのプロセスを論じることができないので、興味のある方は自身で調べてみていただきたい。次節ではこのようなデカルトの懐疑のプロセスを踏まえた上で、そのような「疑い」の方法それ自体について、ある視点から「疑い」をかけてみたい。

3　「懐疑」について「懐疑」する――ウィトゲンシュタインの思索を手掛かりに

デカルトは「方法的懐疑」という手法を用いて、どんな懐疑論者でも認めざるを得ない真理があるということを明らかにしようとした。その意味でデカルト自身は断じて懐疑論者ではない。しかしながらデカルトの手法そのものが適切であったかどうかはいろいろと問題が残る。デカルトのこのような懐疑論者への対処の仕方は、一般的に言うと基礎づけ主義と呼ばれる立場の一形態である。ここでの基礎づけ主義とは、ある知識はそれよりもっと基礎的な知識によって正当化され、この正当化のプロセスは無限に続くわけではなく、あらゆる知識の最終的な源となっているような、認識論的に特権的な地位を有する基礎的な知識が幾つかあり、それらによってすべての知識は基礎づけられる、というものだろう。このような基礎づけ主義が、たとえば第一節で論じた「アグリッパのトリレンマ」のような知識の正当化に関する遡行問題を完全に解決できるのか、それともその解決は難しく、別の立場を採らねばならないのか。現代の認識論では、上記のような問題も含めて、様々な知識論・認識論的諸問題に対処するために、基礎づけ主義、整合説、内在主義、外在主義、自然主義、文脈主義といった多様な立場からいろいろな議論が織りなされている。

そのような認識論上の立場について包括的に論じることは本章では紙幅の関係上できないので[6]、ここでは最後に前節のデカルト的な懐疑論の不自然さについて、二〇世紀前半に活躍したウィトゲンシュタイン（一八八九―一九五一年）の思想を援用しつつ、論じていこう。ウィトゲンシュタインの思想は多岐にわたり、その思想の内容は彼の思索が深まるにつれて様々な形で変容していったとされる。ここでは彼の絶筆である『確実性の問題』という著作を取り上げる。具体的な議論に入る前に、ウィトゲンシュタインの後期思想の核の一つとなっている「言語ゲーム」という概念を簡単に紹介しておこう。この概念が明確に現れている代表的な著作は『哲学探究』（一九五三年）である。この概念は言語活動をゲーム（Spiel）になぞらえた類比（アナロジー）である。それが意味しているのは、（1）言語活動は様々なゲームがそうであるようにある一定の規則に従った行為であるということ、そして（2）言語活動は単にそれ自体で自律しているものではなく、私たち人間の多様な生活様式の文脈にしっかりと埋め込まれた活動であるということ、である。したがって言語活動の、すなわち言語ゲームの多様性は、人間の多様な生活様式に依存しており、そのことを無視して言語を一般化・抽象化して捉えると、様々な哲学的誤謬が生じてしまうとウィトゲンシュタインは述べている。

以下では前節で考察したデカルトの方法的懐疑について、それに関する疑問点を幾つか指摘し、ウィトゲンシュタインの言述と比較しつつ、吟味していきたい。[7] まずはデカルトの「哲学［学問］の樹」の比喩に見られる学問観について考察してみよう。それは線形的な全体像であり、各学問観の依存関係は固定されたものであった。しかし果たして学問あるいは知識とはそういうものなのか。ある知識はそれよりももっと基本的・基礎的な知識に支えられ積み上げられていくという図式は、ある意味理解しやすい。しかしどちらがより基本的・基礎的かという点ではその境界線ははっきりしたものではないかもしれない。こういった点に関してウィトゲンシュタインはたとえば次のようなことを書き記している。「こう考えてもいいだろう。経験命題の形を具えた幾つかの命題が凝固して、固まらずに流れる経験命題のための導管となるのである。この関係は時に応じて変化するのであって、流動的な命題が凝固したり、固まっていた命題が逆に流れ出したりする」（第九六節［三一―三二頁］）。ここではまず私たちの有している様々な種類の知識が一つの全体・体系として受け入れられている。何らかの特殊な知識が不動の出発点として受け入れられているわけではない。そしてそれらの諸々の知識の中で、一方ではさらなる知識を捜し求めるための足掛かりとなるような、つまり引用文の表現では「導管」といったものがある。他方ではそれを固定点として様々な形で流動していく知識がある。そして様々な状況・文脈において、固定されている知識と流動する知識は転位しうるのである。また「導管」や「思想の河床」となりうる知識については、ウィトゲンシュタインは次のようにも記している。「ある種の命題に関しては、その表明に対して疑いを挿む余地がまったくない。私たちの探求の全体がそういう仕組になっている、と言えないだろうか。それらの命題は、探求が進められる道筋からはずれたところにあるのだ」（第八八節［二九頁］）。つまり何らかの事柄について探求を実行していく際には、その探求を成立させるための条件として、少なくともある一部の命題・知識群に関しては疑いをかけてはいけないということである。この点について以下で改めて考察しよう。

デカルトは「少しでも疑いうるものには同意を差し控える」とか「疑うことの何らかの理由を見出せばそれで充分」と述べているが、そもそも、「疑う」という行為を支えているものは何だろうか。前節で「方法的懐疑」を扱った際にも多少論じたが、そもそも「疑う」という行為はいかなる仕方で可能となるだろうか。ウィトゲンシュタインは「疑うこと」の条件として、次のようなことを記している。「どんな事実も確実と見なさないものにとっては、自分の用いる言葉の意味もまた確実ではありえない」（第一一四節［三六頁］）。「すべてを疑おうとする者は、疑うところまで行き着くこともできないだろう。疑いのゲームはすでに確実性を前提している」（第一一五節［三六頁］）。これらの引用文でウィトゲンシュタインが強調しているのは、何らかの知識を「疑う」ことができるためには、その背後に様々な多くの知識を前提としているということである。つまりデカルトの方法的懐疑の場合、ある知識を疑うために用いる知識さえも同時に偽として退けてしまうが、それではそもそもの「懐疑」が成立しない。というのも懐疑を一般化して推し進めてしまうことによって、懐疑を支えている当の背景的知識さえも根拠のないものにしてしまうからである。

また直接デカルトの方法的懐疑のような「懐疑」の難点を指摘していると考えられる記述もある。たとえばウィトゲンシュタインは次のように記している。「いかなる証拠も信頼できないのだから、今の証拠も頼りにならないというのであれば、『たぶん私たちは間違っているのだ』という発言もまったく無駄事である」（第三〇二節［七七頁］）。つまり繰り返しになるが、デカルトのように知識全体を疑うのであれば、個々の知識を疑わしいと判断するときに依拠しているものそのものも疑いにかけられていることになる。そうなれば疑う根拠そのものに根拠がないことになり、「疑うこと」そのものが成り立たない。以上のように何らかのものごとを疑うことができるためには、それに適した条件あるいは文脈のもとでなければならない。それを無視しては適切な疑いは成立しないし、知識の適正な探求も困難なものとなろう。ちなみに現代の認識論における有力な立場の一つとして文脈主義(contextualism)というものがあるが、それに属する哲学者の一人、マイケル・ウィリアムズは上記のようなウィトゲンシュタインの思想に依拠しつつ、彼独自の「主題文脈主義」という立場を展開している。(8)

本章では上記のように、「哲学的懐疑論」を論じることを通じて、「知識」についての理解を深めるということを試みてみた。もちろん「知識」という概念は幅広い意味を含意するものであり、本章で論じたことも充分とは言えないかもしれない。しかしながら上記のように「懐疑」について考察することで、「知識」というものがはらむ多様な問題の輪郭は把握できたと思われる。そしてその問題の解決にあたっての一つのヒントとして本章では最後にウィトゲンシュタインの思想を援用したが、これが唯一のものではないだろうし、諸々のアプローチが可能であろう。「はじめに」でも述べたように、そのような様々な形で「知識」というものそのものについて「知ろう」とする行為も「哲学」の営みの一つであり、その営みによって得られた知見を用いて、他の諸々の分野の知的探求がより洗練された仕方で実践され、より豊かな知識・知恵を得る可能性が生じるのではないだろうか。

注

(1) 本章のもとになっているのは拙著『懐疑主義』(松枝啓至著、京都大学学術出版会、二〇一六年)第I部である。本章の引用箇所で邦訳書を用いたものについては、地の文との表記統一のために、一部表記を改めている。

(2) 懐疑論一般についての単行本や論文集として以下のものを参照されたい。Charles Landesman and Roblin Meeks (eds.), *Philosophical Skepticism* (Oxford: Blackwell Publishing, 2003). この本は古代から現代に至る

哲学史における著名な哲学的懐疑論を原典の抜粋を添えて（英訳）数多く紹介している。Keith DeRose and Ted A. Warfield (eds.), *Skepticism: A Contemporary Reader* (New York & Oxford: Oxford University Press, 1999). この本は二〇世紀に英語圏で懐疑論について書かれた著名な論文をテーマごとに集めたものであり、現代の懐疑論の全体像を把握するのに格好の書物である。『知を愛する者と疑う心』（佐藤義之・安部浩・戸田剛文編、晃洋書房、二〇〇八年）、および前掲拙著。

（3）以下、セクストス・エンペイリコス『ピュロン主義哲学の概要』（金山弥平・金山万里子訳、京都大学学術出版会、一九九八年）、第I巻第一四章（二五―七八頁）を参照した。後述のアグリッパについては、同書第I巻第一五章（七八―八三頁）を参照されたい。引用箇所の頁数はこの本のものである。

（4）以下、デカルトの著作からの引用はすべてアダン・タヌリ版『デカルト全集』（*Oeuvres de Descartes*, publiées par Charles Adam et Paul Tannery, Paris, Librairie Philosophique J.Vrin, 11vols., 1996）による。ローマ数字は巻号を、アラビア数字は頁数を表す。また引用部分の翻訳に関しては、各種日本語訳（『デカルト著作集』（全四巻・増補版、白水社、二〇〇一年）、『デカルト　省察・情念論』（中央公論新社、二〇〇二年））を参照した。

（5）このあたりの事情に関しては、リチャード・H・ポプキン『懐疑　近世哲学の源流』（野田又夫・岩坪紹夫訳、紀伊國屋書店、一九八一年）を参照されたい。

（6）このような現代の認識論上の諸々の立場については、前掲拙著の第II部でそれぞれ論じたので、興味のある方はそちらを参照されたい。

（7）以下のウィトゲンシュタインからの引用文は、『確実性の問題』（黒田亘訳、『ウィトゲンシュタイン全集9』(大修館書店、一九七五年出版)所収)による。節番号と翻訳書の頁数を記す。

(8) マイケル・ウィリアムズの「主題文脈主義」については、以下の文献を参照されたい。Michael Williams, *Problems of Knowledge: A Critical Introduction to Epistemology* (New York: Oxford University Press, 2001). また前掲拙著の第II部第四章で、「主題文脈主義」について論じた。

おすすめ書籍

本章で取り上げたテーマである「知識」や「懐疑」については、様々な観点から多くの文献が著されているが、ここではまず本章において引用などで触れた基本文献を紹介しよう。

・**ディオゲネス・ラエルティオス『ギリシア哲学者列伝』、加来彰俊（訳）、全三巻、岩波文庫、一九八四―九四年**

タイトル通り、古代ギリシア時代に活躍した哲学者たちの思想とエピソードが比較的平易な文体で記されている。本章で触れたソクラテスやピュロンなど、「知識」の探求としての「哲学」の営みが始まり、醸成されていった時代の思想的状況を把握するための格好の書物である。

・**セクストス・エンペイリコス『ピュロン主義哲学の概要』、金山弥平・金山万里子（訳）、京都大学学術出版会、一九九八年**

これもタイトル通り、ヘレニズム時代のピュロン主義哲学（ピュロンの名を冠した古代懐疑主義思想）を詳細に紹介しまとめ上げた文献である。哲学の歴史における懐疑主義の伝統を理解するにあたっては欠かせない書物である。

・**リチャード・H・ポプキン『懐疑　近世哲学の源流』、野田又夫・岩坪紹夫（訳）、紀伊國屋書店、**

一九八一年

本章では直接触れていないが、古代ギリシア時代の懐疑主義的思想がどのような形で近世哲学に受容され、展開されていったのかを理解するための一助となる文献である。

・ルネ・デカルト『方法序説』、谷川多佳子（訳）、岩波文庫、一九九七年

・ルネ・デカルト『省察・情念論』、井上昭七・森啓・野田又夫（訳）、中公クラシックス、二〇〇二年

一七世紀以降の「知識」や「懐疑」を巡る論考を学ぶ上で、デカルトの書物は中核の一つと呼べるべきものである。『方法序説』では、彼自身の学問探求の歩みと新たな学問構築のための基本構造が平易な言葉で語られ、そして『省察』では本章でも紹介し論じたように、デカルト独自の懐疑のプロセス、そして知識の構築のプロセスが詳述されている。

・ルートヴィヒ・ウィトゲンシュタイン『確実性の問題』、黒田亘（訳）、『ウィトゲンシュタイン全集9』（大修館書店、一九七五年）所収

本章ではこの文献の「懐疑」に関わる部分を紹介し論じたが、ウィトゲンシュタインのこの本はアフォリズム形式で書かれており、その他にも「知識」について考察を深めていくためのヒントとなる文章が数多く記されている。

そして知識論や懐疑論について包括的に学びたい方は、次のような書籍が参考になると思う。

・戸田山和久『知識の哲学』（哲学教科書シリーズ）、産業図書、二〇〇二年

タイトル通り、現代の「知識の哲学」あるいは「認識論」と称される分野の入門書であり、この分野の全体像が見て取れる良書である。また後半は、クワインの「自然化された認識論」というアイデアに則って、従来の認識論に対する再構築の一端が試みられている。

・ロバート・フォグリン『理性はどうしたって綱渡りです』、野矢茂樹・塩谷賢・村上裕子（訳）、春秋社、二〇〇五年

本書は人間が有し、それを働かせながら生きている、「理性」なるものにまつわる様々な問題について哲学的に考察を巡らせたものである。理性の営みは人間の生に必要不可欠ではあるが、一方でそれが度を過ぎると困難をもたらすこともある。もともと一般向けの講演を基にしたものなので、比較的読みやすいと思う。

・バリー・ストラウド『君はいま夢を見ていないとどうして言えるのか――哲学的懐疑論の意義』、永井均（監訳）、春秋社、二〇〇六年

西洋の近代および現代哲学において様々な形で論じられてきた哲学的懐疑論について、緻密に考察している浩瀚な書物である。哲学的懐疑論に関して入門的なものを学んだものが、本格的に研究を進

めていく上での必携の書となるだろう。

・佐藤義之・安部浩・戸田剛文（編）『知を愛する者と疑う心』、晃洋書房、二〇〇八年

本書は論者たちがそれぞれ、古代から現代までの懐疑主義にまつわる個別の思想を扱いつつ、懐疑と哲学との密接な関わりを描き出し、思索を深めていこうとする論文を集めたものである。

・松枝啓至『懐疑主義』、京都大学学術出版会、二〇一六年

本章註（1）でも記したが、本章はこの拙著の第Ⅰ部を元としている。より詳細な議論については拙書を参照されたい。なおこれも本章註（6）で記したが、拙書の第Ⅱ部では、第Ⅰ部の議論を受けて、現代の知識論・認識論の分野でどのような議論が展開されているかを紹介し論じている。

また日本語訳はないが、さらに深く専門的に学びたい方のために英語文献を二つだけ紹介しておく。

・Keith DeRose and Ted A. Warfield (eds.), *Skepticism: A Contemporary Reader*, New York & Oxford, Oxford University Press, 1999.

この本は二〇世紀に英語圏で懐疑論について書かれた著名な論文をテーマごとに集めたものであり、現代の懐疑論の全体像を把握するのに格好の書物である。

・Michael Williams, *Problems of Knowledge: A Critical Introduction to Epistemology*, New York, Oxford University Press, 2001.

本章の最後に触れたマイケル・ウィリアムズの書物で、現代の知識論についての詳細な入門書である。彼独自の立場である「主題文脈主義」についても事細かに論じられており、「知識」や「懐疑」に関して論じるにあたって様々な示唆を与えてくれるだろう。

第8章……存在を問う

中川　萌子

はじめに

この本を手に取り、この章を読み始めたあなたは、「存在」や「問う」といった言葉に何らかのひっかかりを感じてくれたのかもしれない。多くの人はみな、そうした基本的な事柄が何を指しているのかということは自明であるとして話を進めたがる。そうでなければたいていの話は確かに進まない。しかしそれらの基本的な事柄の意味するところは実際は不明瞭であり、しかもそれらをどう捉えているかはその人の考え方、生き方を根本から規定しているため、最もリアルな大問題であると言える。そして、あらゆる基本概念の中でもとりわけ「存在」は最も基本的な概念である。

例えば、世界のあらゆるものに何らかの生気が宿っていると考える人と、世界は巨大な機械仕掛けの無機質なものだと考える人では、世界＝存在しているもの全体、そして存在の捉え方が大きく異なっており、そうした違いに基づいておのずから考え方、生き方、価値観も異なってくるだろう。そこには人種や性別、宗教の違いよりもはるかに大きな違いがある。そのため、自分は、他の人は、現代において存在をどう捉えているかと問い直すことは重要かつ必要なことである。

本章では、哲学の根本的な問いである「存在とは何か」、「存在について考えるとはいかなることか」を以下のような観点から明らかにしていきたい。

①そもそもなぜ、どのような動機から私たち人間は「存在とは何か」、「存在という言葉は何を意味しているのか」という問いを立てるのだろうか？　私たちはそうした問いを問うことができるというだけではなく、問わなければならないのだろうか？（存在問題の必要性）
②存在とは何か？　「存在とは何か」と問うことはどのような営みか？（存在問題の内容）
③「存在とは何か」という問いはどのように展開できるか？（存在問題の様式と歴史）
④「存在とは何か」と問う自由と責任とは？（存在問題に関する自由と責任）

1 「存在とは何か」という問いの動機と必要性——ニーチェとハイデガーの時代診断

しかし、そもそも私たちは「存在とは何か」という問いをなぜ立てるのだろうか？　あるいは、私たちはただそう問うことができるという、ただそれだけの話なのだろうか？　そうではなく、問わなければならない必要性があるのだろうか？　言い換えれば、哲学の動機は何に存するのか？

哲学史を振り返れば、哲学一般の動機は、「知への愛」が大前提にある。そして「知への愛」は突き詰めれば、世界への愛、人間への愛に他ならないだろう。しかしその内実は哲学者ごとに異なる。例えば、ただひたすら知的好奇心の赴くままに考える、考えたいから考えるということ（すなわち高度な遊び）であったり、あるいは神に託された使命（ソクラテス、前四六九—三九九年）や神の弁護のため（ライプニッツ、一六四六—一七一六年）といった宗教上の理由が含まれていたり、また別の場合には、あらゆる既存の学問的知識では納得のいく確実な知が得られず、一度全てを疑う必要があるという、確実な知、諸学問の基礎づけへの欲求（デカルト、一五九六—一六五〇年）であったりする。しかし現代に近づくにつれて、哲学の動機の一つの傾向として、独自の時代診断に基づく歴史的な危機意識、あるいは個人的・実存的な切迫感が大きな位置を占めるようになる。その代表例が近現代のドイツの二人の哲学者、ニーチェ（一八四四—一九〇〇年）、そしてハイデガー（一八八九—一九七六年）

の思想である。かれらはどちらも自らの生きる時代、そしてそれに続く時代の精神を「ニヒリズム」（虚無主義）と特徴付けており、ニヒリズムをどのように克服するかを自らの大きな課題として捉えていた。

まずニヒリズムの基本的な意味について確認しておこう。ニヒリズムとは、ラテン語の「ニヒル」（無）に由来する、あらゆるものが意味を失い、あらゆる価値が無価値化している状態であり、また既存の価値や権威を全て否定する思想である。こうしたニヒリズムは、「神は死んだ」、あるいは「あらゆる神々は死んだ」というニーチェの言葉で表されるように、近代自然科学の進歩ゆえに世界は神なしで十分に理解可能となったことを背景として、キリスト教の神、あるいはキリスト教の神以外の神々も含めた神聖なもの全体がその絶対的権威を失い、また信仰されなくなってきたという状況を指している。

しかしニーチェによれば、そもそも神への信仰からして或る種のニヒリズムである。というのも、私たちの生きる現実世界への不信や軽視、不満が信仰の根底にあり、この現実世界、今のこの自分自身の内に意味や価値を見出せないがために、この現実世界ではないどこか別の場所として来世や天国を想定し、そこに救いを見出そうとすることが神の想定には含まれているからである。

そしてニーチェは現代を、従来の最高価値の設定及び崩壊において存在するもの全体がその意味を喪失した、「全てはどうでもよく空しい」ニヒリズムの時代と、ニヒリズムの克服として新しい意味を問い求める「どうでもよいものはひとつもない」時代、すなわち従来の価値を乗り越え、新しい解釈のもとで新しい価値を能動的に創造していく時代との狭間の歴史的に決定的な危機、「人類最大の災厄かつ好機」として捉える。治療は病が発覚したからこそ行えるのと同じように、ニヒリズムもそれが現代の病として発覚したからこそ乗り越えられる。問題が問題として明るみに出ることが解決の一歩であるということであろう。

そしてこの危機はニーチェに以下のような経験となって襲ってくる。ある日デーモンがやってきてこう言う。「君が現に生きており今まで生きてきたこの生を、もう一度、そして無限回も生きなくてはならないだろう。それには何ら新しいことはなく、いかなる苦痛や快楽も、いかなる考えやため息も、君の生の言いようもなく小さなことも大きなこともことごとく、君に必ず、しかも全て同じ順序同じ繋がりで回帰してくる。木々の間のこの蜘蛛、この月影も、またこの瞬間と俺自身にしても同様なのだ。生存の永遠の砂時計は繰り返し引っ繰り返され、それとともにチリやホコリでさえも同じように繰り返されるのだ！」続けて以下のように尋ねる。「『そうであるとしたら』君はこれ（この瞬間）をもう一度、そして無限回も重ねて意志するか？」（『愉しい学問／悦ばしき知識』）

この問いは「回帰思想」と呼ばれている。あなたはこの問いに何と答えるだろうか？　いや、そもそもここで実際のところ何が問われているのだろうか？　これについてはいろいろな解釈が可能である。だが一つには、もしも成長も発展も新たな展開もないとしても、存在すること自体を肯定できるかということ、この世界、この自分、この歴史、そうしたものをすべてひっくるめて、今この瞬間のすべてを、このように存在するという事実を、ただ肯定できるかということである。これは「存在とは何か」という伝統的な問いの、切迫感をもった捉え直しに他ならない。そしてこの問いに然りと肯定的に答えられるほどの力強さがなければ、ニヒリズムを乗り越えることはできないというのがニーチェの見立てであろう。

しかし、である。この問いに然りと答えるには自分自身とその生のみならず、この世界の全体、そしてこれまでの歴史全体をひっくるめてまるごと肯定しなければならない。つまり、いかに悲惨な出来事、悪事を含んでいたとしても、現実世界がただ現実にこのようにあるということ、そのこと自体を——言わば善として——肯定せよということである。これは甚だ無理な要求である。けれども、もしも仮に然りと答えられるとしたら、それはどういう観点からだろうか。これについてもニーチェは考察の手がかりを残している。「世界は美しい事物に満ち満ちているが、それにもかかわらず、こうした事物が覆いを払われて出現する美しい瞬間は乏しい、たいへん乏しい。しかしひょっとすると、これこそが生の最強の魔力なのかもしれない」。苦悩や倦怠、無味乾燥のうちに過ぎてゆく生がふとした拍子に垣間見せる稀な美しい瞬間、それをどれほど愛おしみ、慈しむことができるか。ここに先の問いへの然りと否の答えの分岐点がある。というのも、こうした生の美しい稀な瞬間は、生の流れの内に孤立してあるわけではなく、苦痛や倦怠といった他のあらゆる事柄との密接な関係の中で生起してくるからである。それゆえ、もしも生の美しい稀な瞬間の永遠回帰を意志できるのであれば、それはすなわち、他の全ての存在の永遠回帰に対する意志、世界全体の永遠回帰へ向かう意志であり、肯定であらざるをえない。

では、これに対してハイデガーはニヒリズムをどのように捉え、どのように乗り越えようとしていたのか。ハイデガーによれば、ニヒリズムとは、突き詰めれば「存在とは何か」と問わないことである。私たちは自分自身にせよ自分の周囲にいる人たちにせよ、その他の生物、事物にせよ、いつまでも変わらずに目の前に現れているものとして漠然と捉えてしまっている。そしてそこから類推して、存在すること自体もつねに目の前に現れているということ（「恒常的現前性」）であると考えている。このように「存在することは当然で自明のことだ」と考えることは私たちの存在の捉え方の傾向であり、いろいろなものが目の前に現れているということの確かさと強力さのもと、そう信じ込んでいる。確かに、そのように考えなくては予定も立てられないし、何より安心できない。こうした安心感は健全な日常生活を営むためには必要なことである。

他方で、「或るものが存在し続けることは当然のことである」と捉えるこの傾向は、もう一つの側面を持っている。それは、存在すること自体を自分の予想範囲に押し込め、掌握可能なものとして捉えるということである。その際、私たちが密やかに行なっているのは、或るものが存在すること自体の固有さ・有限性・時間性を忘却すること、それらにまつわる尊さを忘却することである。

「恒常的現前性」という解釈のもと、つねに現れている対象と化している事物は、私たちによって算定・量化・予測・作成可能なもの、それゆえに時間や場所、人を選ばず、一般的に誰もが利用可能なもの、いくらでも代えがきくものとして捉えられるようになっている。その際、それぞれの存在者に固有の扱いにくさや把握しえなさ、不安定さ、偶然性といった側面は隠されて、あるいは可能な限り排除されて、存在者は何の抵抗もなく簡単に扱える都合のよい事物と化している。こうした中「もしも利益や装飾や楽しみを差し引いたら、植物や動物は私たちにとって何なのだろう」とハイデガーは問う。

他の存在者に対するこうした見解ゆえに、存在者である私たち自身も、公共性において「迅速性・算定・大衆的なものの要求」に曝される。それぞれに固有であるはずの経験が「露出・公開・卑俗化」される中で、あらゆる経験が個々人の固有の歴史的文脈から引き剥がされ、誰もが体験可能なものとして出回るようになる。いつからだろう、人が人をタイプ別に区分けしたり、勝ち組・負け組と分類したり、雑誌が「理想」のライフスタイルを提示したり、あるいは企業が利益のために限界まで人を働かせることが当然のように行われるようになってきたのは。人が人をそのように扱うことが普通のことになってきたのは。その際「そもそも私たちは誰か」、「私たちはいかにあるべきか」といった問いは問われることなく、全てが決定済みで疑問の余地のないことのようである。

このように普段忘却されている存在者の扱いにくさは、究極的には自らも含めた存在者全体が私たちの意志と無関係に存在しており、私たちは誕生の際にその只中にただ投げ込まれるということ、すなわち「被投性」に由来する。つまり存在者は根本的には私たちが存在させているものではない以上、なぜ存在しているか、いつまでどのように存在しているかは究極的には不明であり、偶然であり、賜物である。存在者は、自分であれ他の存在者であれ、「私向きのもの」として作られたわけでは決してない。しかし、たいていの場合そうした不都合な私たちの「被投性」は隠蔽されている。そうした中で、私たちはたいてい、私たち人間が存在者の支配者、ひいては存在の支配者であるという錯覚に陥っている。

こうした現代的危機に対する可能な抵抗こそが、ハイデガーによれば、人間存在の時間性・有限性を獲得し直すこと、すなわち「存在を問うこと」としての「現存在」(=存在が現れる場)に成ることであり、そうして存在の捉え方の歴史的に決定的な変化に向けて問い続けることを決断することなのである。ハイデガー自身、こうした決断を遂行しつつ私たちに決断を促している。では、私たちの存在の捉え方の傾向に反して「存在を問う」ということはいかにして可能になるのか？ そもそも「存在を問う」とはどのような営みだろうか？

2 存在とは何か？　「存在とは何か？」と問うことはどのような営みか？

存在は最も身近で最も遠い。（ハイデガー『存在と時間』）

山がある。私はここにいる。ポチは犬である。梅が咲く。空は青い。「〜が／はある」、「〜である」など、「(何かが) 存在するということ」、「(何か) 存在するもの」を抜きに何かを語ること、考えることは原理的に不可能である。私が何かを言うたびごとに、何かを考えるたびごとに、私は存在に関わっている。いや、何も考えずぼんやりしている時でさえ、私がなんとなく眺めているのは「存在するもの」(＝存在者) である。確かに、何も無いこと、「無」を考えることも可能だが、その際も無意識に「無」を「存在」との対比において捉えている。そのため存在は、私たちにとって、他のいかなる概念よりも身近である。私たちは生まれるか生まれないかの頃から有無の区別ができている。

しかし、そうした最も身近であるはずの存在は、改めてそれが何を意味しているかを考えようとすると、その途端に最も遠いものになる。なぜだろうか？　なぜならそれは――逆説的ではあるが――存在が最も身近な概念であるがゆえである。すなわち最も身近であるために馴染みすぎていて、またそれ抜きには何も考えられないために、改めてそれを捉え、対象化することが困難であるようなものなのだ。それは自分の最も身近な人の大切さを改めて見直すことが難しいこととよく似ている。

つまり存在は私たちが生きていく上で最も不可欠な概念であり、それゆえに他の概念によって定義することができないような、最も捉え難い概念である。いいかえれば、存在は、私たちがたえずそれを捉えて使っている概念であるにもかかわらず、いやそれゆえにこそ、改めて捉えることが難しい概念である。しかし捉え難い概念であるからこそ、存在は私たちの知的好奇心を煽るものでもある。そして哲学は存在論の長い歴史の中でこの捉え難いものをどうにか捉えようと知恵を絞ってきた。

3 「存在とは何か」という問いの形式と歴史

では、「存在とは何か」という問い、存在を問うということはどのように展開できるだろうか？その問いの形式と歴史とはどのようなものだろうか？

存在を問うためには、いやそもそも何かを問うためには、さしあたって、その問いの対象がどのようなものかということを或る程度前提し、見当をつけて問い始めるしかない。それは、私たちは何らか既に理解しているものについてしか問うことができず、しかもその理解している内容を手がかりに問い始めるしかないという、私たち人間の解釈の構造（「解釈学的循環」＝「存在論的循環」）、有限性に基づいている。

　また、「〜とは何か」という伝統的な問いの様式において問われるのは、その取り上げられているものの本質だが、そもそも本質というものを私たちがいかに捉えているかにも注意しなければならない。

　私たちは、何かを問おうとするとき、その問いの対象のみならず、どのような問いの形式でいかなる射程で問うのかということにこそ、最も注意しなければならない。というのも、その問いの形式が答えの射程も規定してしまうからである。ちなみに、何かを問うということ自体、非常に人間らしい営みである。全知全能の唯一神は全てを予め知っているために何かを問う必要もない。私たち人間が知りうることは有限であり、既に知っていることは尚更限られている。或るものが何であるかを知らないが、まったく知らないというわけでもない。そしてその何かについてもっと知りたいと思うからそれについて問う。そうして知識を増やし、問いの領域や深度を広げていく。その背景にあるのは、「知への愛」（フィロソフィー＝哲学）であり、私たち人間がそなえている可塑性、変様の可能性である。

　以上から既にお気付きのように、「存在とは何か」という問いについて哲学的に考え始めるのであれば、「存在」はもとより、「〜とは何か」という問いの形式、「問う」ということ自体の意味など、問題を構成する要素一つ一つに目を光らせながら問い、考え進めていかなければならない。そして早く答えを出すことよりも、むしろできる限りその問いのもとにとどまること、その問いを構成する基本的な事柄、それに関するこれまでの自分の経験について改めて洞察を深めること、そうして伝統的な問いを自分自身のものにすること、こうした真摯で誠実な姿勢が必要となる。

では、問いの対象である存在について、私たちはどう見当をつけて問い始めるのがよいだろうか。第一節で既に見たように、私たちが普段存在という言葉をどう使っているかに着目して、それをどう分類できるか考えるということが、さしあたり存在への伝統的なアプローチの仕方としてある。そのアプローチは、存在を何か他の基本概念との関係から考えるということへと繋がっていく。

存在者／存在は多様に語られる。（アリストテレス（前三八四―三二二年）『形而上学』）

まず、「存在」の分類についてだが、哲学史上で手がかりとなるのは、古代ギリシアの哲学者アリストテレスの思想である。アリストテレスは哲学史上初めて「存在者としての存在者」＝「存在」を明確に主題として存在論を体系化し、以後の形而上学の基礎を築いた。アリストテレスは存在の多義性を一〇のカテゴリーに分類した。カテゴリー（範疇）というのは述語類型のことであり、つまり主語に連関し、説明を加えるもの（ただし主語になりうるものも含む）である。この一〇のカテゴリーは、実体、量、性質、関係、場所、時間、位置、所持、能動、受動である。このカテゴリーの中で実体が最も重視される。実体とは一方で「あらゆる存在者に共通の、存在者を存在者たらしめる普遍的な存在性格」、すなわち存在であり、また他方で「最高の存在者」、すなわち神である。これが第一哲学としての存在論と神学の区分の発端となる。

前者の実体は、材料（質料＝ヒューレー）と姿形（形相＝エイドス）から構成されるとアリストテレスは考えていた。例えば、風鈴はガラスや紐といった材料から構成されるが、それらの材料を全部持ってきたからといって、材料の積み上げによって風鈴がただちに出来あがるわけではない。風鈴を作成するためには、風鈴という形、その完成図が必要である。そして風鈴を風鈴たらしめているものは、風鈴という姿形（エイドス）の方であり、アリストテレスの解釈だと、形相が実体、ひいては存在の本質を成している。それは可能性が現実化することと重なっており、ガラスや紐などの材料が潜在的に持っていた可能性、風鈴の一部になりうるという可能性が現実化して風鈴となったとも言い換えられる。後者の実体は、神という「不動の動者」として、それ自体純粋な形相として質料をもたず、全ての材料の最終的な目的、純粋な現実態である。

これに対してハイデガーは「存在はあらゆる存在者に共通の普遍的で類的なものではない」として、「存在者」（「存在するもの」）と「存在」（「存在すること」）の区別（「存在論的差異」）を重視し、アリストテレスと、それを一つの基盤とした西洋形而上学全体を批判する。そして私たち人間と事物の存在を厳格に区別する。事物の存在と人間存在との違いを、ハイデガーは、カテゴリー（範疇）とエクシステンツィアル（実存範疇）の違いによって表現する。実存範疇とは、人間存在＝実存に適切に捉え直された範疇のことであり、私たち人間の有限的な時間との連関から捉え直された存在のことである。

実存範疇においては、範疇において分離されていた可能性と現実性、時間と空間、受動と能動はそれぞれ不可分なものとして、現実的可能性、時空間（「時間－遊動－空間」）、受動的能動性として捉え直される。その際決定的であるのは、存在が永遠不変の同一性として捉えられるのではなく、生成変化する運動、とりわけ私たち人間の実存の不安定さとして捉えられるということである。

また、存在者と存在の区別を重視したことと関係して、ハイデガーは、アリストテレス以降連綿と続いてきた伝統的形而上学の存在の捉え方の一つである、最高の存在者と存在の同一視、すなわち神と存在の同一視を批判する。神は存在者であって存在ではない。存在はあらゆるものの原因になりうるような何らか確実な基盤、私たちの存在を一方的に基礎付けてくるようなもの（存在者）ではなく、そのうちに、例えば死の可能性といった非存在を含むがゆえに、不安定で無規定的なものである。

こうした伝統的な形而上学への批判はまた、存在と根拠の関係の見直しにも繋がる。

そもそもなぜ何も存在しないのではなく、何かが存在するのか。（ライプニッツ『理性に基づく自然と恩寵の原理』）

これは存在者と根拠、存在と根拠、存在と無に関する一つの根本的な問いである。この問いはもう少し噛み砕くのであれば、次のようになる。「何も存在しないということ、つまり無であることもありえたにもかかわらず、なぜ何も存在しないままではなく、何かが——宇宙が、地球が、私たち人間が――今このように存在するのか」。「なぜ別様ではなく此の様なのか」。「私は存在しないということもありえたのに、なぜ今存在しているのか」。

この問いは、私たちが「～が／はある」、「～である」、有無の区別を知っているということ、別様でありうるという可能性と、此の様であるという現実性の狭間を生きていることを前提としている。「なぜ」と問うこと、いやそもそも何かを問うこと自体が、可能性と現実性の狭間にあって現実に身を委ねて「在り来たり」をそのまま受け取っているだけではなく、今このようにあることの延長ではなく別の可能性、変化の余地を重視するからこそ可能になる。ライプニッツは上述の自らの問いに対して「あらゆるもの（存在者）は存在する根拠を持つ」と答える。そして彼の場合、その根拠は、究極的には――アリストテレス以来の伝統と当該時代の宗教的要請に従って――神に求められる。

これに対して、ハイデガーはこの問いの根源性を高く評価しながらも、ライプニッツの答えには賛同しない。ハイデガーはこの問いと答えに対して、ライプニッツと同時代人のドイツ神秘主義の詩人アンゲルス・シレジウス（一六二四―七七）の詩句における問いと答えに着目しつつ批判を加える。

なぜバラは咲くのか。バラはなぜ無しに存在する。バラは咲くから咲く。（シレジウス「ケルビムのごとき旅人」）

この「なぜ無しに」において、「なぜ」という問いを通して私たち人間によって殊更に与えられる限りでの存在の根拠、私たちに把握され、説明される限りでの根拠（原因）が否定されている。そして、なぜと問う以前に存在者が既に持っている根拠が認められ、肯定されている。「咲くから咲く」という或る種のトートロジー（同語反復）があえて用いられることで、通常の「なぜならば」で表されるはずの従来の根拠が無効化されており、それによりかえって、事象を事象そのものへ解放する。「バラは咲くから咲く」と解するとき、私たちはバラが咲くこと自体の内に留まり、他でもないそのバラが今咲いていること自体をただ肯定している。そこにはそのバラが観賞用になる、商品価値を持つなどの算段は働いておらず、「バラが咲く」ということ自体が私たちの理解によって汲み尽くされないもの、おおげさに言えばそうした出来事として捉えられている。

このようにハイデガーは伝統的な哲学の根本概念を使いながらも、その意味をずらしながら変化させていくという仕方で自らの哲学を打ち立てた。そして「存在とは何か」という伝統的な問いの様式に関しても疑問を抱き、「私たちは現代において、どのような窮迫のもと、どのように存在を捉えているるか」という問いへと変化させる。「存在とは何か」という問いの伝統的な様式に関する彼のひっかかりは、存在と、存在を何らか知っている私たちとの関係の不明性と、「〜とは何か」という哲学の問いの伝統的な様式における本質の想定とその固定化への促しである。つまり「存在とは何か」という一見客観的で普遍的な問いの内に、それを問う私たち人間の実存的な必要性、切実性を感じ、それを問いとして表そうとしたのである。

4 「存在とは何か」と問うことの自由と責任――ハイデガーとヨナスの責任論

しかし、そもそも私たちに「存在とは何か」と問う自由はどれほど与えられているのだろうか？　そしてそのように問う責任をどれほど持たねばならないのだろうか？　これに関してはハイデガーと、その弟子であるハンス・ヨナス（一九〇三―九三年）の議論が参考になる。以下、ハイデガーの存在論から他者論と責任論の潜在的可能性を浮き彫りにし、そこにヨナスの思想の萌芽がどれほどみられるか、そしてヨナスがその萌芽をどれほど豊かに開花させたかを見ていこう。

先に触れたように、ハイデガーによれば、存在を問うことは――通常存在を掌握しきれるものとして自明視するのに反して――存在をその固有さ・世界との不可分な連関・有限性ゆえに捉え難いものとして捉えることである。それは、いかに世界が私たちの所有物ではないか、意のままにならないか、そしてそもそも自らの存在さえままならないかを、つまり自らが自己存在の根本的な根拠ではないことを自覚することから始まる。それが私たち人間の存在の構成契機である「被投性」の経験である。

そもそも私たちは自らの意志によって存在し始めたわけではなく、存在しようと思う前に既に存在してしまっている。決して世界へともたらされないということもありえたにもかかわらず、私たちは偶然にも存在している。生まれるか否か、あるいはどのような時代にどのような存在者として生まれるかということは、私たちの選択の範囲外に留まっている。ただ自分が今、存在してしまっているという事実だけが私たちに与えられている。そして、私たちは現存在として世界の内に存在する「世界内存在」であるがゆえに、私たちの誕生以前から既に存在している他の存在者の只中に存在してしまっている。私たちは他の存在者の既なる状態に沿ってのみそれらと関わりうるのであり、自らが存在し始める以前に遡って他の存在者の存在や状態を左右することはできない。私たちは、私たちの意志により存在し始めたわけでも存在し続けられるわけでもなく、このような意味において根本的に根拠無しに生きており、決して自らの存在を掌握しきれない。自分の存在は、そのつどやはり何らか自分のものであるにもかかわらず、である。このような意味において人間は「自分の存在を決して根底からは支配できない」。このような「被投性」ゆえに、私たちの自己は、自己であると言いきれないような自己であり、それゆえ自己の存在の根拠も、ましてや世界のあり方の根拠も持ちえないように思える。

しかし、それにもかかわらず現存在は自分のあり方、世界のあり方の根拠であることを引き受けなければならない。それはなぜか？　当然だが、私たちは被投性という受動性に徹底的に規定されていながらも自ら能動的かつ自発的に考え、自己と世界のあり方を「企投」しつつ実存するのであり、ただその限りにおいて、自己と世界のあり方の根拠となっているからである。「企投」とは実存と了解の構造であり、自らがいかに存在するかという可能性を、ひいてはそうした自らの住む将来的な世界を予め捉えているということ、そのように捉えつつ自らを可能性としてあらしめているということである。私たちは自分の現実との連関の中で自らがそれに成るところの、あるいはそれに成らないところの諸可能性を生きている。それゆえ私たちは自分に対して「汝がそれであるところのものに成れ！」（ニーチェ）と言うことができる。被投性が特に現実性と関わっているように、企投は可能性と、そして決断や選択と密接に関わっている。そして私たちは被投的に企投しているのであり、自らあえて決断・選択したことではないことを引き受けながらも、その制約の中ではあれ、自発性に従って自由に決断・選択している。その限りで責任の可能性も生じる。

ところで、ハイデガーの考えだと、私たちは一つの世界を自分だけで所有しているのではなく他者（「共現存在」）と共有しており（「共世界」）、私たちの存在は「誰かと共にあること」（「共存在」）によって構成されている。つまり自分と同様に自己と世界を被投的に企投しながら存在する他者が、世界の内に存在している。そして他者が既に企投した世界の内へと投げ込まれながら、やはり世界を企投しつつ私たちは存在している。このように自己存在には、他者の存在がつねに不可分なものとして関わっている。

また、現実に生きている他者だけでなく、まだ、あるいはもはや生きていない他者、つまり誕生前の将来的他者あるいは死後の既在的他者も、「共存在」の或る仕方においてやはり「存在」する。しかし当然ながら、その際に死者は、生きている私たちと同様に存在するわけではない。しかしそのことはすぐさま、生前にその他者の存在を構成していた世界が完全に消え去ってしまったということを意味するのではない。というのも、この他者と共に存在していた現存在は、この他者の死後もまだ被投的に企投しつつ世界の内に存在するからである。それゆえ現存在がその内に住まう世界、その内で他者も存在者として存在していた「共世界」は、まだ実存している現存在の被投的企投によってやはりまだその時々に形成され直されるのであり、このようにして共世界において現存在は「他者」と「共に存在する」。死者たちはまだなお「現に-既在している」のであり、生まれくる子どもたちも既にもう「現に-将来している」。すなわち、もはや世界の内で実存していない「他者」は、現存在の被投性が既在的な「他者」による既在的な「被投的企投」を含みながら、現存在が世界の内で被投的に企投しつつ存在する限りにおいてのみ、世界の内に「存在」し続ける。また同様に、もはや世界の内で実存していない「現存在」も、世界の内に将来するところの「他者」が実存する限りにおいて、世界の内に「存在」し続ける。

そうした生きている他者も生きていない「他者」も含んだ、他者の無限に「合奏された」存在が、被投性を介して現存在の企投を構成しており、また現存在もそうした合奏的な世界の一契機として存在している。このように現存在の存在は根本的に不可分に、他者を暗示する「共存在」によって構成されている。そのため「世界内存在」である限り、自分のあり方、存在の捉え方は、否応なく先達のあり方から規定されつつ後代の他者のあり方を規定している。

では、私たちは自らのあり方や存在の捉え方、ひいては「存在とは何か」と問うことに倫理的責任を負っているのだろうか？　またそうであるとすれば、それはどのようにしてか？　私たちの存在の内には、企投を通して自らのあり方の根拠である限り、さしあたって自らのあり方、存在の捉え方に関する責任が含まれていると考えられる。では、その責任は、誰の、誰あるいは何に対する、あり方及び存在の捉え方のどのような点に関する責任であると考えられるか？　以下、ハイデガーの思想に基づきつつ可能的な責任論を描いてみよう。

まず、誰が私たちのあり方及び存在の捉え方に関して責任を負うのか。第一次的にはやはり企投する限りで自分自身が自らのあり方及び存在の捉え方に関して責任を負うだろう。どんなに被投的であろうとも。（しかし二次的には、この被投性を通して、以前の世代にも私たちのあり方について責任があると言えるだろう。）次に、何あるいは誰に対する責任であろうか。それは、決断によって変化しうる自分自身のあり方や捉え方が、多少なりともそれらのあり方を規定するところの過去の世代、同時代や未来世代において存在するあらゆるもの（人間であれ、他の動植物であれ、無機物であれ）に対する責任であると考えられないだろうか。最後に、それは、自らのあり方及び存在の捉え方のどのような点に関する責任であろうか。先述したように、自らの存在根拠は究極的には私たちの手中にはない。それにもかかわらず、私たちは一切の被投性を引き受けて企投する限りにおいて、自らに委ねられているあり方及び存在の捉え方の決断・選択に関して、そしてそれによって規定するところの既在的・同時代的・将来的な他者のあり方及び存在の捉え方に関して責任を負わねばならない。逆に言えば、私たちは自らの被投性の自覚において、こうした自らの内なる究極的な矛盾を引き受けて、初めて責任を負える存在になる。というのも、自らの傾向に逆らって、存在を「問うに値するもの」として捉えることが、それが稀であるとは言え、私たちには実際可能だからである。つまり、自己の、そして他者のあり方及び存在の捉え方の変化の一つのきっかけを自らの内に持つ、あらゆるもの、世界のあり方の一つの担い手として、現存在は、自己や他者、事物を、そして世界をどのように存在させているのかに関して責任があると言える。これは「存在とは何か」と問うことについても責任があるということを意味する。

そして、こうしたハイデガーの責任論や他者論、倫理学の潜在的な可能性を展開したのが、ハイデガーの弟子であり、ハイデガーを痛烈に批判したハンス・ヨナスである。ヨナスもハイデガーと時代診断と問題意識を或る程度共有しながら、ハイデガーとは別の仕方で「存在とは何か」と問うことに関する自由と責任について思索した。

ヨナスによれば、責任とはまず「生命に対する直観的な倫理的配慮」であり、基本的に「私、あるいは誰かが、他者に対して、何かを前にして負うもの」である。まず、私たちがその前で責任を負うところのものとは、神や法廷、良心に代表される、「あなたはこうすべきである／こうすべきではない」という当為を命じ、責任の追及に正当性を与えうる「審級」、つまり私たちの行為の善悪を判定する機能を持つ機関のことである。

そして、他者が私の責任の対象となるのは、それが「傷つきやすいもの」として「私の行為の圏域」に入り込んでおり、「私の力に曝されている」場合である。そうした他者の最たるものが生まれたばかりの赤ん坊、子どもである。「生まれたばかりの子ども。その呼吸はただそれだけで、自分を世話することへの当為を向ける」(『責任という原理』)。確かに人間の子ども、特に赤ん坊は完全に非力で、それ自体既に他者の助けを前提とした存在であり、「傷つきやすいもの」である。しかし、私たちが責任を負っている他者は子どもばかりではない。責任の対象は、私たちが影響を及ぼしうるもので、私たちよりも力が弱いもの全般である。それは他にどのようなものがあるかと言えば、まだ生まれてはいない将来世代の人たち全般である。というのも、今現に生きている私たちは自分で自分をある程度守ることができる。赤ん坊でさえ、泣いて助けを求めることができている。現在目の前に存在しているということは、それだけで何らか力強さを持っている。しかし、会議で目下その場に居ない人々が発言できないために槍玉に挙げられたり、ないがしろにされたりしやすいように(いわゆる欠席裁判である)、今この世界に居合わせていない者たち、将来世代は、今現に生きている私たちよりもずっと非力である。そしてハイデガーが述べていたように、私たちは「共世界」における「共存在」として、将来世代と共に生きているのであり、自らの被投的企投を通して世界を形成し直すという仕方で、存在を何らか解釈し直すという仕方で、将来世代の住まうだろう世界に影響を及ぼしている。それゆえ、私たちは赤ん坊に対するのと同じように、いやそれ以上に、まだ見ぬ将来世代に対して責任を負っている。また、それは人間に限られるものではない。動植物や事物、そして「神は死んだ」と言われて久しく、またアウシュビッツの悲劇に際してなにもできなかった「無力な神」もその対象に入る。ヨナスによればもはや「神が私たちを守る」のではなく、「私たちが神を、神の神聖さを守らねばならない」。

話を元に戻すと、では、将来世代に対して私たちに責任があるとして、何についての責任が一番重要であろうか？ ヨナスによれば、それは人類の存続についての責任である。ヨナスは人類の存続をその「事実」と「質」に分ける。人類の存続の「事実」とは、そもそも人類が存在しているということであり、人類の存続の「質」とは、人類は何者としてどのように存続するかということである。前者は科学技術の氾濫、極端には核戦争などによる物理的絶滅の危機により脅かされており、後者は「労働の自動化」などによる「実存の貧弱化の危機」により脅かされている。こうした危機の二重性に応じて責任の二重性が生じる。私たちは人類の存続の事実と質、どちらに関しても責任を負っており、どちらも甲乙つけがたく重要である。しかし、現実により優先して遵守されねばならないのは、実のところ前者である。逆説的ではあるが、人間の尊厳の重要性ゆえに、人間の実在は人間の尊厳に先行して守られねばならない。なぜなら一つには、「人間の尊厳という可能性」、すなわち責任を負うことができるという可能性も、「人類の実在」によってしか開かれ続けられないからである。「責任がこの世界から消えてはならない」ということ、「これに基づいて［現在の人間のみならず］未来の人間もまた存在すべきである」。この「［現に存在する］人々はさらに存在し続けるべきであるという存在論的命令」、「それ自体は名付けられないままにとどまる」が「その先のあらゆる命令に含まれている」「第一の命令」は、普通に考えれば「命あっての物種」というように当然のことのようだが、その理由づけは異なる。ヨナスによれば、私たちがまずもって存在し続けるべきなのは、究極的には、存在が「存在を非存在よりも善いものとして絶対的に設定する」という「存在の原理的な自己肯定」を含んでおり、生命の存在それ自体が善であると考えるからである。

そしてこの「存在し続けよ」という「第一の命令」は、実のところ、人間存在の「質」のみを重視してきた伝統的な哲学が、そしてハイデガーが見落としがちであったものである。ヨナスが発見したこの「第一の命令」は、彼がユダヤ人であり、ナチス政権下で亡命したことを考慮するなら、余計に切迫した訴えとなる。それゆえ、ヨナスは私たちに「まず自らが存在し続けよ」、「そして将来世代が存続できるように行為し、人間の本質に常に新しい可能性の機会を提供できるようにせよ」と示唆しているのであり、そうした責任を負う存在として人間存在を捉え直しているのである。そして「人間の本質の新しい可能性の機会を提供する」ことは根本的には人間存在を、そして存在一般を問い直すことによって可能になるだろう。ここにはやはり新たに「存在とは何か」と問うことへの促しがあり、またこのように問うことに関して責任を負っていること、その自覚への促しがある。たとえ誰も表立ってその責任を追及してこないとしても、私たちは存在を問うことのできる力、それに関して責任を負うことのできる力を持っているのである。

おわりに

以上、①存在を問う必要性、②存在問題の内容、③存在問題の様式と歴史、④存在を問う自由と責任について、大雑把ではあるが考察してきた。存在論は形骸化した古びた学問ではなく、現代を生きる私たちの知的好奇心を刺激するもの、そして今の私たちにそれを問うことを迫るような実存的な切迫性を持つものであることが少しでも伝わったら幸いである。どうか、あなた自身の経験の中のひっかかり、特に哲学の基本概念にまつわるひっかかりを大事に育て、新たな地平を切り拓く根本的な問いへといつの日か昇華させてほしい。問うということはそれ自体で大きな力を秘めているのだから。

おすすめ書籍

「存在」という哲学の根本概念について――知的好奇心、あるいは切迫した実存的要請から――考察してみようと思われた方にはまず、存在論を論じる動機が分かりやすく書かれており、また比較的平易な議論を展開している、以下の五つの文献を読むことをおすすめする。

・芝垣亮介・奥田太郎編『失われたドーナツの穴を求めて』、さいはて社、二〇一七年

ユーモラスなタイトルだが、ドーナツの穴という身近な「無」あるいは「空虚さ」の存在について、哲学のみならず、歴史・経済・数学・言語学などの各専門家により、それぞれの学問分野からのアプローチの仕方が提案されている。存在論は基本的に初学者にはとっつきにくいが、その考察のきっかけが身近な日常に潜んでいることが感じられ、また学際的な広がりゆえに事象そのものに迫りうる良書である。

・上田閑照『私とは何か』、岩波新書、二〇〇〇年

存在について考えてみるきっかけとして一番多いのは「自分とは何か」という疑問が頭にふと浮かぶことかもしれない。本書は、京都学派直系の哲学者である上田閑照氏による自己存在論の第一級の入門書である。ハイデガーや西田幾多郎からの思想的影響のもと、「私は私である」という同一律への批判から「私は、私ならずして、私である」というテーゼを打ち立てている。

・**斎藤慶典『死の話をしよう——とりわけ、ジュニアとシニアのための哲学入門』、PHP研究所、二〇一五年**

存在の中でも人間存在について考えるためには、存在喪失である「死」は避けて通れない問題である。本書は哲学史における「死」に関する二つの代表的な考察、一つは本章で取り上げたハイデガー『存在と時間』、もう一つはジャンケレヴィッチの『死』を手がかりに自分の死を他人の死から峻別しつつ、自分の死から自分の生を照射しようとする。

・**永井均他編『事典　哲学の木』、講談社、二〇〇二年**

本書は、以上で挙げた他の著作と異なり事典であるが、読み物としても面白く、様々な哲学的インスピレーションを与えてくれる。索引項目も基本的には日常的な用語で構成されており、伝統的な思想を解説するだけではなく、うたい文句通り「いまここで哲学している事典」である。本章のテーマに直接関連するものとしては「在る」、「現象」、「形而上学」、「自由」、「責任」、「存在論」、「無」、「ニヒリズム」などの項目が挙げられる。

・**高坂正顕『西洋哲学史』、創文社、一九七一年**

存在論あるいは形而上学の歴史はそのまま哲学の歴史である。本書は古代から現代までの哲学史を分かりやすく解説しており、代表的な哲学者の思想の本質をそれぞれ丁寧に汲み取っている良書である。著者は京都学派の一人であり、カントの専門家である。

上記の著作のいずれかの著作を読み、存在論の動機、歴史の概略、問いの立て方について見当がつけられた方は以下の文献をおすすめする。以下は存在論の古典であり、哲学の古典を読む際にはその著者の用語を自分なりに咀嚼し消化する必要があり、理解するまでに時間がかかるが、粘り強く読み進めてほしく思う。全体が分かれば部分が分かり、部分が分かれば全体が分かるので。

・プラトン、『饗宴』、久保勉訳、岩波文庫、二〇〇八年

本章では言及しなかったが、プラトンの存在論であるイデア論も存在論の伝統を知る上では欠かせない。そして本書はイデア論にも触れながら、エロスについて、特に知への愛＝フィロソフィアについてソクラテスらが議論するという内容であり、「そもそも哲学とはいかなる営みか」という、存在論の必要性と切り離せないテーマについて劇的に議論されている。

・デカルト『方法序説／省察』、三宅徳嘉・所雄章訳、白水社、一九九一年

デカルトは近世哲学の父であり、自己存在論の祖でもある。ニーチェやハイデガーを初めとした現代思想においてとかく批判対象となりがちなデカルトだが、「我思うゆえに我あり」という自らの納得のいく確実な知に、いかなる旅や思索の末に辿り着いたか、そしてそのための懐疑という方法の徹底ぶりには感動すら覚える。単なる合理論者では片付けられないデカルトの生き方と思索への情熱が表れている名著。哲学の古典の中で群を抜いて読みやすいのも特徴である。

・ニーチェ『愉しい学問』、森一郎訳、講談社学術文庫、二〇一七年

本章で紹介したニーチェの「神の死」、「永遠回帰」の思想が提示される本著作は、難解ではあるがユーモアに富んだ内容であり、ニーチェの思想を凝縮した短い金言が並んでいる。またこの訳書は訳者の才により現代口語に近い形で訳されており、大変読みやすくなっている。

・ハイデガー『存在と時間Ⅰ～Ⅲ』、原佑・渡邊二郎訳、中公クラシックス、二〇〇三年

本章で紹介したハイデガーの「存在の問い」という問題が最初に提示された著作であり主著。ハイデガーの場合、存在論を論じる動機は両義的で実存的かつ学問的である。だが、本書では最初に学問的動機が導入として書かれているためいささか分かりにくいかもしれない。それゆえ目次を見て、世界内存在、他者、頽落、歴史、死、良心、不安、時間などのトピックの内、興味のあるものから読み始めてもよいだろう。

・サルトル『自由への道』、海老坂武・澤田直訳、岩波文庫、二〇〇九年

本章では存在を問う自由と責任について論究したが、自由一般、あるいは決断と行動の自由についてはやはりサルトル、特に読みやすい小説から入るのがよいかと思う。

上述の古典は難解なものも多いため、まず解説書によりその思想の概要を掴みたいと思われた方には、例えば以下の入門書を読むことをおすすめする。

・**藤沢令夫、『プラトンの哲学』、岩波新書、一九九八年**

本書はプラトン哲学の入門書でありながら、プラトンの思想に対する誤解を解きつつその思索の真髄に迫ろうとする第一級の研究書でもある。現代思想においてとかく批判されがちなプラトンのイデア論だが、本書ではこうした表面的な批判に対する応戦がなされている。

・**轟孝夫『ハイデガー『存在と時間』入門』、講談社現代新書、二〇一七年**

ハイデガーの主著『存在と時間』の入門書だが、ハイデガーの根本問題である「存在の問い」を分かりやすく紹介しつつも、存在概念について鋭い考察を加えているため、「存在とは何か」と自ら考える際の助けとなる。

・**戸谷洋志『ハンス・ヨナスを読む』、堀之内出版、二〇一八年**

日本初のハンス・ヨナスの入門書。本章で紹介した責任概念以外にも、生命、人間、倫理、神といったヨナスの基本概念について平易な言葉で分かりやすく語られている。

加えて、ハイデガー・フォーラムという学会が毎年開催されている。そこでは存在論に直接的・間接的に関わるテーマに関して、ハイデガーの研究者のみならず、様々な学問分野の専門家を招聘し、講演頂き、討論している。従来の学会の枠組みに囚われず、言わば居合わせた者全員で哲学することを第一の目的とするような、活気ある集まりである。

あとがき

「はじめに」で書いたように、哲学をやっていると、なんだかわけのわからないことをやっているなという感じをにじませてくる人もいるが、わりと「今の時代だからこそ哲学って大事だと思うんです」と言ってくれる人も多い。もちろん僕に面と向かって「なに無駄なことやってんねん」という人はそんなにいないだろうし、うれしくはあるものの、まあ半分は社交辞令だと受け取っている。

ある専門分野に身を置く者は、自分がしているものが大事だと思うのはある意味当たり前なのだが、それを当然視せずに、つねに理解してもらう努力を怠ってはならない。人に理解されなくても価値があるなどと思っていては、いつまでたっても哲学が文化として根づくことはない。

哲学とは一つのある対象に、さまざまな観点から迫ろうとし、それぞれのアプローチから明らかになる考え方が、どれほど整合的なのか、あるいは対立してないかなどを含めて考察していくことを一つの特徴としている（と僕は思っている）。現代のようにさまざまな情報が容易に手に入り、多くの人の声が聞け、発言もできるような時代は、観点や価値の多様性に触れ、その重要性を十分に享受できる時代だと言えそうに思える。でも本当にそうかというと、なんだか疑わしい。

むしろ多くの人がほんのわずかな価値観のどれかに飛び込んでいって、自分のまわりに多くの人がいることに安心し、これこそ正しいと大声で叫んでいる。そんな状況に見えなくもない。寛容なんだか不寛容なんだかよくわからない印象をうける。一方で、インターネットの世界ではすぐにみんな熱狂する。

たしかにこんな時代だからこそ哲学は大事なのかもしれない。でもそれを理解してもらうことは難しい。

こういう本は、そういうことができるとてもいい機会なのだが、やはりなかなか難しいと思う。僕を含めたそれぞれの執筆者が、どれだけパソコンの向こう側にいる読者のことをイメージしながら書けているか、これが重要になる。僕もいつも手探りで進めているのだが、うまくいっている自信はない。

あとは読者のみなさまに判定していただくしかない。もちろん僕は編集という立場でもあるので、本全体についての責任も負っているが、それぞれの執筆者の名前もできればしっかり心に留めておいていただきたい。もしも気にいったら、その人がこれから書くものにも注目していただきたい（比較的若い人が多いので）。

最後に、以前から大変お世話になっていて、この本の出版も提案してくださった編集の國方栄二さんには、執筆者を代表して心から御礼を申し上げたい。國方さんも最近犬を家族に迎えられたらしい。それを聞いただけでもますます親しみをおぼえずにはいられない。

戸田剛文

事項索引

デューイ（J. Dewey） 75–78, 84
トマス・アクィナス（Thomas Aquinas） 11–12

［ナ行］
西周 186
西田幾多郎 244
ニーチェ（F. W. Nietzsche） 219–222, 236, 246–247
ニュートン（I. Newton） 130
ノイラート（O. Neurath） 163

［ハ行］
ハイデガー（M. Heidegger） 169–172, 176, 183, 219, 223–226, 230–234, 236, 238–240, 242, 244, 246–248
バウムガルテン（A. G. Baumgarten） 13
バーガー（P. Berger） 65–68
バタイユ（G. Bataille） 27
ハッキング（I. Hacking） 155
パーフィット（D. Parfit） 90
ハーロウ（H. Harlow） 45, 60
ビショップ（C. Bishop） 29
ピーチ（A. J. Peach） 114
ヒューム（D. Hume） 138, 140, 143, 146, 148–149
ヒューム（H. Home） →ケイムズ卿
ピュロン（Pyrrhon） 191–193, 211
フーコー（M. Foucault） 27
藤沢令夫 6
ブラーエ（T. Brahe） 130
プラトン（Platon） 5–12, 16–17, 22, 156, 246, 248
ブリオー（N. Bourriaud） 28
フレーゲ（G. Frege） 160, 181
ベルクマン（G. Bergmann） 157
ベンサム（J. Bentham） 35–36, 52, 54
ホッジ（C. Hodge） 72
ホッブズ（T. Hobbes） 97, 100, 134
ホワイトヘッド（A. N. Whitehead） 158

［マ行］
マッハ（E. Mach） 139
マネ（É. Manet） 26–27
マルクス・アウレリウス（Marcus Aurelius） 147
ミル（J. S. Mill） 160
モンテーニュ（M. de Montaigne） 196

［ヤ行］
ヨナス（H. Jonas） 234, 239, 241–242, 248

［ラ行］
ライプニッツ（G. W. Leibniz） 13, 219, 231–232
ライル（G. Ryle） 158
ラッセル（B. Russell） 158, 181
ローティ（R. Rorty） 157, 169, 175–178, 183

人名索引

［ア行］
アイネシデモス（Aenesidemus）　193–194
アヴェナリウス（R. H. L. Avenarius）　139
アウグスティヌス（Augustinus）　10
アグリッパ（Agrippa）　194
アボット（L. J. Abbott）　72
アリストテレス（Aristoteles）　125–131, 146, 191, 229–232
アルケシラオス（Arcesilaus）　192–193
アーレント（H. Arendt）　19–21, 22, 24, 27–28
ウィトゲンシュタイン（L. J. J. Wittgenstein）　88, 101, 106, 109, 111–112, 115, 117, 155, 159–160, 189, 203–209, 212
ウィリアムズ（M. Williams）　207, 210
上田閑照　244
ウォーフィールド（B. B. Warfield）　72
ウッダート（C. Woodard）　95
江口聡　112
エマソン（R. W. Emerson）　79
オースティン（J. L. Austin）　158

［カ行］
カヴェル（S. Cavell）　78–79, 82
ガダマー（H-G. Gadamer）　169, 172–174, 176, 183
ガリレイ（G. Galilei）　130
カルナップ（R. Carnap）　164
カント（I. Kant）　18–22, 24, 27–28, 175, 245
キケロ（M. T. Cicero）　196
岸本智典　82
クワイン（W. V. O. Quine）　164–167, 169, 176, 182, 213
クーン（T. S. Kuhn）　166
ケイムズ卿（Lord Kames, H. Home）　140–142
ケプラー（J. Kepler）　130
ゴッホ（V. van Gogh）　4
コペルニクス（N. Copernicus）　130

［サ行］
ジェイムズ（W. James）　77–80, 82, 84
ジャンケレヴィッチ（V. Jankélévitch）　245
ジュパンチッチ（A. Zupančič）　74–75
シュライエルマッハー（F. D. E. Schleiermacher）　169
シュレーゲル（A. W. Schlegel）　15
シンガー（P. Singer）　46, 60
ストローソン（P. F. Strawson）　143, 147–148, 151
セクストス・エンペイリコス（Sextus Empiricus）　193–194, 196
ゼノン（Zenon）　192
セラーズ（W. S. Sellars）　164, 166–169, 176, 182
曽我部和馬　82
ソクラテス（Socrates）　5, 190, 211, 219, 246

［タ行］
ダーウィン（C. Darwin）　71
ダンハウアー（J. C. Dannhauer）　169
ディオゲネス・ラエルティオス（Diogenes Laertius）　196
ティモン（Timon）　191
デカルト（R. Descartes）　32, 134, 175, 189, 196–207, 209, 212, 219, 246

佐野　泰之（さの　やすゆき）［第6章］

京都大学大学院人間・環境学研究科　特定助教
主な著書に『メルロ＝ポンティ読本』（共著、松葉祥一・本郷均・廣瀬浩司編、法政大学出版局、2018 年）

松枝　啓至（まつえ　けいし）［第7章］

大阪工業大学非常勤講師など
主な著書に『懐疑主義』（京都大学学術出版会、2016 年）

中川　萌子（なかがわ　ほうこ）［第8章］

佛教大学、大阪工業大学非常勤講師
主な著書に『脱－底　ハイデガーにおける被投的企投』（昭和堂、2018 年）

戸田　剛文（とだ　たけふみ）［編者・第2章］

京都大学大学院人間・環境学研究科准教授
主な著訳書に『バークリ――観念論・科学・常識』（法政大学出版局、2007年）、『世界について』（岩波ジュニア新書、2011年）、『哲学するのになぜ哲学史を学ぶのか』（編著、京都大学学術出版会、2012年）。翻訳として、ジョージ・バークリ『ハイラスとフィロナスの三つの対話』（岩波文庫、2008年）、トーマス・ピンク『哲学がわかる 自由意志』（豊川祥隆、西内亮平と共訳、岩波書店、2017年）がある。

阿部　将伸（あべ　まさのぶ）［第1章］

京都造形芸術大学芸術学部アートプロデュース学科専任講師
主な著書に『存在とロゴス――初期ハイデガーにおけるアリストテレス解釈』（月曜社、2015年）

谷川　嘉浩（たにがわ　よしひろ）［第3章］

京都大学大学院人間・環境学研究科博士課程、日本学術振興会特別研究員（DC2）
主な著書に『メディア・コンテンツ・スタディーズ』（共著、岡本健・田島悠来編、ナカニシヤ出版、2019年）

青山　拓央（あおやま　たくお）［第4章］

京都大学大学院人間・環境学研究科准教授
主な著書に『分析哲学講義』（筑摩書房、2012年）

豊川　祥隆（とよかわ　よしたか）［第5章］

京都大学大学院人間・環境学研究科研究員、京都看護大学他非常勤講師
主な著書に『ヒューム哲学の方法論――印象と人間本性をめぐる問題系』（ナカニシヤ出版、2017年）

今からはじめる哲学入門　学術選書 087

2019年2月20日　初版第1刷発行

編　　者…………戸田 剛文
発 行 人…………末原 達郎
発 行 所…………京都大学学術出版会
京都市左京区吉田近衛町 69
京都大学吉田南構内（〒 606-8315）
電話（075）761-6182
FAX（075）761-6190
振替 01000-8-64677
URL http://www.kyoto-up.or.jp

印刷・製本…………㈱太洋社
装　　幀…………鷺草デザイン事務所

ISBN 978-4-8140-0179-8
定価はカバーに表示してあります

学術選書［既刊一覧（抜粋）］

＊サブシリーズ「心の宇宙」→心　「宇宙と物質の神秘に迫る」→宇　「諸文明の起源」→諸

003 前頭葉の謎を解く　船橋新太郎　心1
005 コミュニティのグループ・ダイナミックス　杉万俊夫 編著　心2
007 見えないもので宇宙を観る　小山勝二ほか 編著　宇1
008 地域研究から自分学へ　高谷好一
011 ヒト 家をつくるサル　榎本知郎
013 心理臨床学のコア　山中康裕　心3
022 動物たちのゆたかな心　藤田和生　心4
023 シーア派イスラーム 神話と歴史　嶋本隆光
024 旅の地中海 古典文学周航　丹下和彦
026 人間性はどこから来たか サル学からのアプローチ　西田利貞
028 心を発見する心の発達　板倉昭二　心5
029 光と色の宇宙　福江 純
030 脳の情報表現を見る　櫻井芳雄　心6
040 文化の誕生 ヒトが人になる前　杉山幸丸
043 ビザンツ 文明の継承と変容　井上浩一　諸8
049 世界単位論　高谷好一
052 イスラーム革命の精神　嶋本隆光
053 心理療法論　伊藤良子　心7
062 近代社会とは何か ケンブリッジ学派とスコットランド啓蒙　田中秀夫
064 インダス文明の謎 古代文明神話を見直す　長田俊樹
066 イスラームの神秘主義 ハーフェズの智慧　嶋本隆光
067 愛国とは何か ヴェトナム戦争回顧録を読む　ヴォー・グエン・ザップ著・古川久雄訳・解題
068 景観の作法 殺風景の日本　布野修司
073 異端思想の500年 グローバル思考への挑戦　大津真作
075 懐疑主義　松枝啓至
078 文化資本論入門　池上 惇
082 世界単位 日本 列島の文明生態史　高谷好一
083 京都学派 酔故伝　櫻井正一郎
084 サルはなぜ山を下りる？ 野生動物との共生　室山泰之
085 生老死の進化 生物の「寿命」はなぜ生まれたか　高木由臣
086 ？👁！ 哲学の話　朴 一功
087 今からはじめる哲学入門　戸田剛文 編